Peter Ringbeck

Anforderungen an ein Warenwirtschaftssystem und be[illegible] Unterschieden zu Informationssystemen der Industrie unter Einbeziehung der Standardsoftware R/3

Peter Ringbeck

Anforderungen an ein Warenwirtschaftssystem und beispielhafte Darstellung von Unterschieden zu Informationssystemen der Industrie unter Einbeziehung der Standardsoftware R/3

diplom.de

Bibliografische Information der Deutschen Nationalbibliothek:

Bibliografische Information der Deutschen Nationalbibliothek: Die Deutsche Bibliothek verzeichnet diese Publikation in der Deutschen Nationalbibliografie; detaillierte bibliografische Daten sind im Internet über http://dnb.d-nb.de/ abrufbar.

Druck und Bindung: Books on Demand GmbH, Norderstedt Germany
ISBN: 978-3-8386-4012-9

http://www.diplom.de/e-book/219647/anforderungen-an-ein-warenwirtschaftssystem-und-beispielhafte-darstellung

Peter Ringbeck

Anforderungen an ein Warenwirtschaftssystem und beispielhafte Darstellung von Unterschieden zu Informationssystemen der Industrie unter Einbeziehung der Standardsoftware R/3

Diplomarbeit
an der Westfälische Wilhelms-Universität Münster
Institut für Handel, Lehrstuhl für Wirtschaftsinformatik und Informationsmanagement, Prof. Dr. Jörg Becker
September 1995 Abgabe

Diplomica GmbH
Hermannstal 119k
22119 Hamburg

Fon: 040 / 655 99 20
Fax: 040 / 655 99 222

agentur@diplom.de
www.diplom.de

ID 4012

ID 4012
Ringbeck, Peter: Anforderungen an ein Warenwirtschaftssystem und beispielhafte Darstellung von Unterschieden zu Informationssystemen der Industrie unter Einbeziehung der Standardsoftware R/3 / Peter Ringbeck · Hamburg: Diplomica GmbH, 2001
Zugl.: Münster, Universität, Diplom, 1995

Diplomica GmbH
http://www.diplom.de, Hamburg 2001
Printed in Germany

Inhaltsverzeichnis

Seite

Seite

Seite

Abbildungsverzeichnis

Tabellenverzeichnis

Abkürzungsverzeichnis

BBN	bundeseinheitliche Betriebsnummer
CCG	Centrale für Coorganisation
CAD	Computer Aided Design
CAE	Computer Aided Engineering
CAM	Computer Aided Manufacturing
CAP	Computer Aided Planing
CAQ	Computer Aided Quality Assurance
CIM	Computer Integrated Manufacturing
CWWS	Computergestützte Warenwirtschaftssysteme
DFÜ	Datenfernübertragung
DPR	Direkte Produktrentabilität
EAN	Europäische Artikel-Nummer
EDI	Electronic Data Interchange
EDIFACT	Electronic Data Interchange for Administration, Commerce and Transport
EIS	Entscheidungsinformationssysteme
EDV	Elektronische Datenverarbeitung
FIFO	First in - First out
FTS	Fahrerloses Transportsystem
HIFO	Highest in - First out
IS	Informationssysteme
ISO	International Organisation for Standardisation
JIT	Just-in-time
KER	Kurzfristige Erfolgsrechnung
LIFO	Last in - First out
MADAKOM	Marktdatenkommunikation

MDE	Mobile Datenerfassung
MHD	Mindesthaltbarkeitsdatum
MIS	Management-Informationssysteme
MMIS	Marketing-Management-Informationssysteme
NC	Numerical Control
POO	Point-of-order
POS	Point-of-sale
PPS	Produktionsplanung und -steuerung
SEDAS	Standardregeln einheitlicher Datenaustauschsysteme
WWS	Warenwirtschaftssysteme

Verzeichnis der Abkürzungen zitierter Zeitschriften und Buchreihen

LZ	Lebensmittelzeitung
SzU	Schriften zur Unternehmensführung
STzWI	Studien zur Wirtschaftsinformatik
ZfB	Zeitschrift für Betriebswirtschaft

1 Einleitung

1.1 Einordnung des Themas

„Handelsunternehmen besitzen aufgrund ihrer oft unüberschaubar erscheinenden Sortimente einen ebenso unermeßlich erscheinenden Informationsbedarf."[1] Im Bereich des Handels sind schneller wandelnde Bedürfnisse der Konsumenten mit einer einhergehenden Sortimentsrotation zu erkennen, so daß die Informationsbedürfnisse ebenfalls einem ständigen Wandel unterzogen sind, die durch neue Informationstechnologien befriedigt werden können.[2]

Zur Befriedigung der Informationsbedürfnisse haben sich in den achtziger und neunziger Jahren Warenwirtschaftssysteme zu einer wichtigen Grundlage entwikkelt. Zur Zeit sind zahlreiche Einzelhandelsunternehmen dabei, eine aktuelle Generation von Warenwirtschaftssystemen einzuführen, da neue Hardware- und Softwarelösungen entwickelt wurden.[3]

Der Bereich der Informationssystemgestaltung solcher Warenwirtschaftssysteme des Handels ist von der Forschung jedoch weitgehend vernachlässigt worden.[4] Wissenschaftliche Abhandlungen über die theoretischen sowie hardware- und softwaretechnischen Grundlagen moderner Warenwirtschaftssysteme haben in der Literatur bisher kaum Eingang gefunden.[5]

Die vorliegende Diplomarbeit wird zum einen die Anforderungen an ein Warenwirtschaftssystem des Handels herausstellen und zum anderen dessen Unterschiede zu einem Informationssystem der Industrie aufzeigen. Dadurch wird zum einen die Informationssystemgestaltung solcher Warenwirtschaftssysteme des Handels erarbeitet und zum anderen wird dargestellt, inwieweit Unterschiede zu, bereits seit langer Zeit am Markt erhältlichen und durch die Forschung mehrmals untersuchten, Informationssystemen der Industrie vorliegen. Dabei erfolgt die Untersuchung unter Einbeziehung der Standardsoftware R/3, weil bei ihr die Industrielösung zu einem Warenwirtschaftssystem weiterentwickelt wurde, was im Vorfeld bereits vermuten läßt, daß deren Unterschiede nicht so erheblich sein können.

1 Olbrich (1992), S.1.
2 Vgl. Olbrich (1992), S. 1f.
3 Vgl. Tietz (1992), S. V.
4 Vgl. Schütte (1995), S. 1.
5 Vgl. Tietz (1992), S. V.

1.2 Aufbau der Arbeit

Die Diplomarbeit gliedert sich in weitere vier Kapitel. Der Aufbau und Inhalt dieser Kapitel stellt sich wie folgt dar:

- Im ***zweiten Kapitel*** werden Besonderheiten und Charakteristika des Handels sowie Probleme heutiger Warenwirtschaftssysteme aufgezeigt. Dabei werden Grundlagen für die weitere Betrachtung, vor allem für die Anforderungen an ein Warenwirtschaftssystem, geschaffen. Gerade aus den Problemen heutiger Warenwirtschaftssysteme ergeben sich Anforderungen für zukünftige Systeme.
- Es erfolgt im ***dritten Kapitel*** eine Darstellung der Anforderungen an ein Warenwirtschaftssystem des Handels. Dabei werden u.a. neue Technologien aufgegriffen, die bei der Konzeption eines Warenwirtschaftssystems berücksichtigt werden müssen. Desweiteren wird dargestellt, wie das Warenwirtschaftssystem durch Schnittstellen in ein Gesamtinformationssystem des Handels integriert werden kann, wobei vor allem Anbindungen zu externen Subsystemen, zur Kostenrechnung und zur Finanzbuchhaltung betrachtet werden.
- Im ***vierten Kapitel*** werden die Unterschiede zu Informationssystemen der Industrie erläutert. Dabei wird die Betrachtung unter Einbeziehung der Standardsoftware SAP R/3 vorgenommen, da hier der seltene Fall gegeben ist, daß aus einer Standardsoftware für die Industrie ein Warenwirtschaftssystem des Handels konzipiert wurde.
- Das letzte und ***fünfte Kapitel*** der Diplomarbeit wird eine Abschlußbetrachtung sein, in der die Ergebnisse der hier vorgenommenen Untersuchung zusammengefaßt werden. Außerdem wird ein Ausblick hinsichtlich der Weiterentwicklung von Warenwirtschaftssystemen des Handels und Informationssysteme der Industrie erfolgen, wobei auch herausgestellt wird, wie sich die Unterschiede dieser Systeme entwickeln.

Es wird von Anfang an eine Verwendung der Namenskonventionen der Standardsoftware SAP R/3 erfolgen, damit sie bei den Unterschieden und den dort verwendeten SAP-Beispielen wieder aufgegriffen werden können. Außerdem wird sich die Diplomarbeit auf die Betrachtung des Logistikbereichs des Handels fokussieren. Eine genaue Betrachtung der Bereiche Finanzbuchhaltung, Kostenrechnung und Personalwirtschaft wird nicht erfolgen.

2 Grundlagen

2.1 Charakterisierung des Handelsunternehmens

Ein Handelsunternehmen stellt ein Wirtschaftsunternehmen dar, das „Waren einkauft und in der Regel stofflich unverändert an gewerbliche Abnehmer, Behörden, Organisationen oder an Konsumenten verkauft“[6]. Der Handel wird bei einem indirekten Absatzweg als Mittler zwischen Produktion und Konsumtion eingeschaltet. Hier erfüllt er Dienstleistungsfunktionen für die Konsumenten als auch für die Hersteller, denen er eine Anzahl von Aufgaben, die mit dem Absatz zusammenhängen, abnimmt.[7] Die Funktionen lassen sich in drei Hauptfunktionen einteilen:[8]

- **Überbrückungsfunktion**; die räumlich, zeitlich und preislich erfolgt
- **Warenfunktion**; sowohl quantitativ, qualitativ als auch sortimentsbezogen
- **Funktion des Makleramtes**; zum einen die Markterschließungsfunktion und zum anderen die Interessen-Wahrungs- und Beratungsfunktion

2.2 Betriebstypen im Handel

Es gibt sowohl den institutionalen als auch den funktionalen Handel.[9] Der funktionale Handel ist die wirtschaftliche Tätigkeit der Beschaffung und/oder des Absatzes von Waren und Dienstleistungen, bei denen keine oder nur eine unwesentliche Bearbeitung vorgenommen wird. Der institutionale Handel hingegen sind die organisatorischen/rechtlichen Einheiten, deren wirtschaftliche Tätigkeit nur oder überwiegend dem Handel im funktionellen Sinn zuzurechnen ist. In der hier vorgenommenen Betrachtung erfolgt eine Untersuchung von Warenwirtschaftssystemen des institutionalen Handels. Es kann jedoch in einigen Teilen eine Übertragung zu einem Handel treibendem Industrieunternehmen vorgenommen werden, was vor allem im vierten Kapitel der Diplomarbeit erfolgt. Desweiteren wird die Betrachtung über mehrstufige Handelsunternehmen stattfinden, d.h. Unternehmen, bei denen eine enge Verknüpfung zwischen Groß- und Einzelhandelsstufe besteht.[10]

---

6 Tietz (1993), S.4.
7 Vgl. Wöhe (1990), S. 743.
8 Vgl. Seyffert (1972), S. 10.
9 Vgl. Ausführungen zu institutionalen und funktionalen Handel mit Barth (1993), S. 1f.
10 Vgl. Olbrich (1992), S. 28; Vgl. auch Ahlert (1991).

2.3 Geschäftsarten im Handel

Im Handel lassen sich die Geschäftsarten Lagergeschäft, Streckengeschäft, Delkrederegeschäft und Zentralregulierungsgeschäft unterscheiden.[11] Beim Delkrederegeschäft übernimmt ein Handelsunternehmen die Haftung für die Verbindlichkeit eines Kunden (Übernahme Delkredere).[12] Das Zentralregulierungsgeschäft ist die zentralseitige Übernahme der Bezahlung von Einkäufen und beim Streckengeschäft erfolgt eine Anlieferung vom Hersteller direkt an eine Filiale, ohne Einbeziehung eines Großhändlers.[13] Das Lagergeschäft stellt eine Geschäftsart dar, bei der die Abwicklung über ein zwischengeschaltetes Lager erfolgt. Alle vier Geschäftsarten werden bei der Darstellung der Anforderungen an ein Warenwirtschaftssystem des Handels beispielhaft einbezogen. Eine weitere Geschäftsart ist das Aktionsgeschäft, das insbesondere in preisaggressiven Handelsunternehmen eine nicht unbedeutende Rolle spielt.[14] Dessen Betrachtung erfolgt in gesonderter Form im Funktionsbereich Verkauf.

2.4 Probleme heutiger Warenwirtschaftssysteme

Bevor eine Begriffsdefinition von Warenwirtschaftssystemen erfolgt, werden noch einige Probleme heutiger WWS geklärt, um eine gewisse Sensibilität für die behandelte Thematik zu bekommen.

Probleme heutiger Warenwirtschaftssysteme liegen vor allem in der Vielzahl, in der Komplexität und einer daraus resultierenden Inkompatibilität der Systeme. Allein für den deutschsprachigen Raum existieren über 300 Systeme[15], die z.T. einen sehr hohen Komplexitätsgrad erreichen. Das Warenwirtschaftssystem DISPOS II der DACOS Software GmbH besteht insgesamt aus über tausend Einzelprogrammen[16]. Die Gründe für eine solche Komplexität und Heterogenität lassen sich in fünf Kategorien gliedern:[17]

1. *Zu lange Entwicklungsdauer*
   Die WWS sind über mehrere Jahre gewachsen, und wurden nicht an einem Stück konzipiert. Viele Funktionalitäten sind erst im Laufe der Zeit durch Anforderungen hinzugekommen. Somit ist es nicht verwunderlich, daß einige

---

11 Vgl. Schütte (1995), S. 3.
12 Vgl. Gabler (1993), S. 747.
13 Vgl. Gabler (1993), S. 3883 u. 3183.
14 Vgl. Schütte (1995), S. 3.
15 Marktspiegel (1990), S. 12.
16 Vgl. DACOS Software GmbH (1984).
17 Vgl. Hertel (WWS) (1992), S. 10: Hertel (1992), S. 3-5.

Programme 20 Jahre und älter sind. Solche Systeme verursachen enorme Wartungs- und Pflegekosten, die zum Teil in der Höhe einer Neuentwicklung liegen.

2. *Fehlendes Gesamtkonzept*
Wenn ein System durch nachträgliche Anforderungen wesentlich erweitert wird, liegt kein Gesamtkonzept vor, das zumindest die meisten Anforderungen bereits im Vorfeld abdeckt. Die Folgen sind u.a. Redundanz, da es z.B. eine Rechnungsprüfung pro Abteilung gibt, und auch die daraus resultierende Gefahr der Inkonsistenz, wenn z.B. Kundendaten mehrfach in unterschiedlicher Weise gehalten werden.

3. *Fehlende Abstraktion vom Einzelfall*
Da, wie bereits angeführt, oft ein Gesamtkonzept fehlt, und durch Anforderungen entsprechende Lösungen erarbeitet werden, gibt es für alle möglichen Vorgänge individuelle Lösungen. Ein Handelsunternehmen besteht allerdings aus einer Vielzahl von Vorgängen, und somit entsprechend vielen systemseitigen Lösungen. Es gibt kaum Ansätze, die vom Einzelfall abstrahieren, um Gemeinsamkeiten von verschiedenen Vorgängen in einer Lösung zu realisieren.

4. *Fehlende Datenbankkonzeption*
Bei der Entwicklung von Warenwirtschaftssystemen der Zukunft ist die Schaffung einer gemeinsamen, einheitlichen und verteilten Datenbasis unabdingbar, um Teilbereiche[18] einer Warenwirtschaft in einem System zu integrieren. Der Einsatz von Datenbanken ist bei den heutigen Warenwirtschaftssystemen der absolute Ausnahmefall, und wenn überhaupt handelt es sich um hierarchische Datenbanksysteme, die den heutigen Anforderungen nicht mehr gerecht werden.[19] Diese stellen eine statische Zuordnung von Daten zu Programmen dar, mit der Konsequenz, daß Daten redundant gehalten werden, Inkonsistenz zwischen den Daten vorliegen, Inflexibilität gegenüber Änderungen gegeben ist, Programme aufwendig gewartet werden und Standards schwer einzuhalten sind.[20] Verteilte relationale Datenbanken, die all diese Nachteile verhindern, werden bei neueren Warenwirtschaftssystemen eine zentrale Rolle spielen.

---

18 Mögliche Teilbereiche sind Einkauf, Verkauf und das Lagerwesen.
19 Vgl. Zentes; Exner; Braune-Krickau (1989), S. 232f.
20 Vgl. Vossen (1994), S. 4-7.

5. *Fehlende Integration der einzelnen Subsysteme*[21]
   Die Teilbereiche mit ihren verschiedenen Teillösungen arbeiten oft parallel und unabhängig voneinander. Es findet kein, oder nur in einem geringen Maße, Datenaustausch statt, so daß man nicht von Integration sprechen kann. Die Folge können z.B. mehrere Artikelnummern für ein und denselben Artikel sein.

Nachdem nun nur einige Schwachstellen heutiger WWS aufgezeigt wurden, sollen im Vorfeld noch bestimmte Trends vorgestellt werden, die im Handel zu erkennen sind.

Das Gottlieb Duttweiler Institut, Rüschlikon (Schweiz), hat in Zusammenarbeit mit der Universität Essen eine Untersuchung „Warenwirtschaftssysteme im Handel" durchgeführt. Das Ergebnis der Untersuchung von Supermärkten, Fachmärkten und SB-Warenhäusern stellte einen Trend zum Aufbau geschlossener, dezentraler und integrierter Warenwirtschaftssysteme fest. Außerdem wurde eine Ertragsorientierung des Handels erkannt, sowie ein starker Trend zum Scanning im Warenausgang.[22] Bei der Darstellung der Anforderungen wird auf diese Entwicklungstendenzen im besonderen eingegangen, da ein Warenwirtschaftssystem der Zukunft solche Trends unterstützen muß.

Desweiteren können verteilte relationale Datenbanksysteme, die sich durch Änderungsfreundlichkeit, Benutzerkomfort, systemgestützte Datenkonsistenz, Transaktionsschutz usw. auszeichnen, die aber kaum in mehrstufigen Warenwirtschaftssystemen eingesetzt werden, die dargestellten Schwachstellen teilweise vermeiden.[23]

Im folgenden soll vorgestellt werden, wie sich nach Meinung des Verfassers u.a.[24] heutige Warenwirtschaftssysteme gliedern und welche Anforderungen sie abdecken sollten.

---

21 Als Subsysteme sind die softwaretechnisch realisierten Teilbereiche gemeint.

22 Vgl. Warenwirtschaft zunehmend dezentral (1989), S. 14-18.

23 Vgl. Zentes (1989), S. 8f.

24 Die Gliederung in die Teilbereiche Einkauf, Verkauf und Warenlogistik entspricht der Unterteilung, die bei vielen Autoren zur WWS vorgenommen wird, und auch im WWS R/3 Retail wiederzufinden ist.

3 Anforderungen an ein Warenwirtschaftssystem des Handels

3.1 Definition und Abgrenzung von Warenwirtschaftssystemen

Wenn man versucht, den Begriff Warenwirtschaftssystem (WWS), zu definieren, muß man berücksichtigen, daß es eine Vielzahl solcher WWS gibt, die zudem noch sehr unterschiedlich sind. In einer Studie kommt Krüpper zu dem Ergebnis, daß lediglich 13 von 74 Handelshäuser im Bereich Warenwirtschaft Standardsoftware einsetzen, d.h. 84,4 Prozent kontrollieren ihre Warenwirtschaft mit selbst erstellter Software, wobei im Mittel mehr als 571 Module unterhalten werden, die Hälfte der Firmen mehr als 245 Programme pflegt und 22,4 Prozent der Unternehmen mehr als 1000 Module wartet.[25]

Um also den Begriff WWS zu definieren, ist es ersichtlich, daß eine solche Definition nicht alle Warenwirtschaftssysteme abdecken kann. Es ist vielmehr eine Arbeitsdefinition zu finden, mit der Anforderungen an WWS im Handel aufgezeigt werden.

In der Literatur ist ebenfalls keine Eindeutigkeit einer Definition von WWS zu erkennen, sondern es herrscht „eine geradezu babylonische Sprachverwirrung“[26]. So zitiert z.B. Ebert die Autoren Schulte/Steckenborn/Blasberg mit den Worten „jeder Handelsbetrieb arbeitet mit einem Warenwirtschaftssystem, mit oder ohne EDV“[27]. Ebert selber kommt aber zu der Definition, daß ein WWS die Summe aller auf die Ware gerichteten Informations- und Entscheidungsprozesse im Handelsbetrieb ist.[28] Er mißt somit der Information ein hohes Gewicht zu, da auch die Entscheidungsprozesse nur mit Hilfe von Informationen ablaufen können. Die Informationsversorgung eines Handelsbetriebes erfolgt jedoch durch Abverkaufszahlen, Marktanalysen o.ä. Da diese in der heutigen Zeit durch EDV erhoben[29], oder zumindest gespeichert und verdichtet werden, ist diese Definition zu allgemein.

---

25 Vgl. Warenwirtschaftssysteme (1993), S. 106.

26 Walter Lezius (1989), S. 8.

27 Ebert (1986), S. 55; Schulte, Steckenborn, Blasberg (1981), S. 20.

28 Vgl. Ebert (1986), S. 58.

29 Eine EDV-mäßige Erhebung wäre z.B. gegeben, wenn ein filialisierender Handelsbetrieb die Abverkaufszahlen durch eine Kasse registriert und an einen Zentralrechner zur Weiterverarbeitung sendet.

Eine Trennung zwischen WWS und computergestützten WWS, wie sie Ahlert[30] vornimmt, scheint ebenfalls nicht sinnvoll, weil ein WWS laut Definition ein „computergestütztes System zur artikel-, stückgenauen sowie mengen- und wertmäßigen Warenverfolgung in Handelsbetrieben"[31] ist.

In dieser Arbeit werden integrierte WWS dargestellt, so daß die Definition „Integrierte Warenwirtschaftssysteme sind elektronische Datenverarbeitungs und -übertragungssysteme, die sich auf die informatorische Ebene der warenbezogenen Logistik im Handel beziehen"[32], der Definition eines WWS entspricht, wie es in dieser Arbeit verstanden wird. Ein WWS stellt außerdem die nötigen Informationen für eine optimale Koordination von Beschaffung und Verteilung von Waren zur Verfügung und bereitet sie zur Bearbeitung der Managementaufgaben auf.[33] Operative Aufgaben eines Handelsbetriebes werden dadurch rationalisiert und relevante Daten als Entscheidungsgrundlage bereitgestellt.[34]

Die im folgenden aufgezeigten Anforderungen werden sich außerdem auf mehrstufige WWS beziehen. Es handelt sich dabei um Informationssysteme, die alle Stufen möglicher Unternehmenshierarchien in Handelsunternehmen abdecken, von der Zentrale über regionale Niederlassungen und Läger bis hin zu den verschiedenen Vertriebsschienen und letztlich den Filialen.[35]

Abbildung 1 zeigt in einer Übersicht auf welche Funktionsbereiche sich diese Arbeit beziehen wird. Hieraus ist zu erkennen, daß ein WWS nur die Schnittstellen zu externen Systemen wie Finanzbuchhaltung, Kostenrechnung, Personalwirtschaft liefern muß. Auch das Kassensystem gehört zwar zu einem Warenwirtschaftssystem im herkömmlichen Sinne, bedarf aber allein von der hardwaretechnischen Seite einer eigenen Betrachtung. Es ist aber ebenfalls durch Schnittstellen o.ä. mit dem WWS zu verbinden, was im Kapitel zur Anbindung externer Subsysteme näher erläutert wird. Der in dieser Abbildung als Führungsinformationssystem bezeichnete Bereich wird in Kapitel 3.6 unter dem Namen Management-Informationssystem näher betrachtet.

30 Vgl. Ahlert, Olbrich (1994), S. 119-122.
31 Gabler (1993), S. 3710.
32 Marktspiegel (1990), S. 11; vgl. auch Zentes (1985), S.1.
33 Vgl. Kirchner; Zentes (1984), S. 40.
34 Vgl. Dezentrale Warenwirtschaft. (1994), S. 21.
35 Hertel (1992), S. 1.

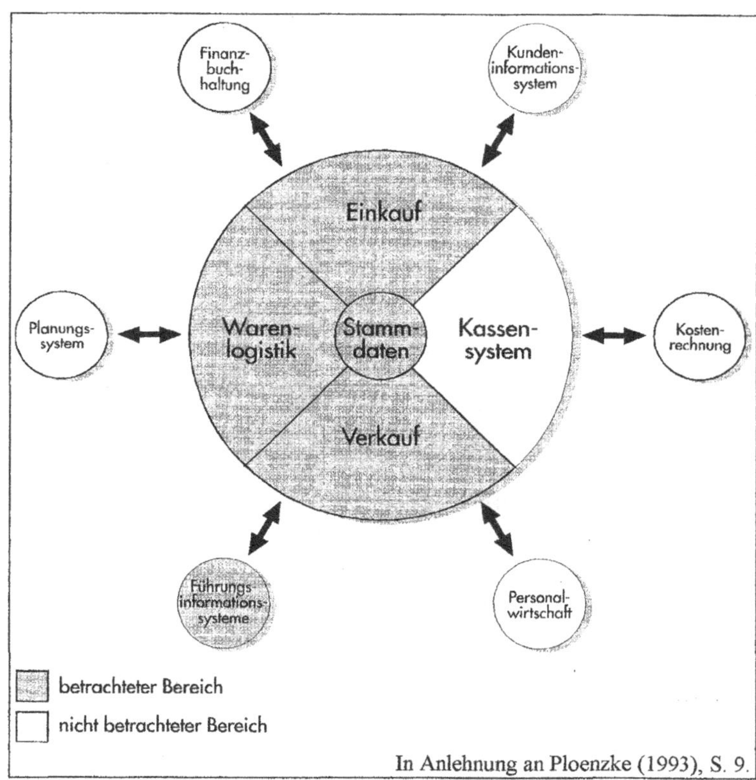

In Anlehnung an Ploenzke (1993), S. 9.

Abbildung 1: Funktionsbereiche eines Warenwirtschaftssystems

Im weiteren sei auf folgende **Arbeitsdefinition** eines WWS verwiesen, auf die an entsprechender Stelle zurückgegriffen wird:

> *Es erfolgt die Betrachtung eines computergestützten, mehrstufigen und integrierten WWS, das sowohl zur artikel-, stückgenauen sowie mengen- und wertmäßigen Warenverfolgung in Handelsbetrieben dient. Zusätzlich wird ein WWS als ein Datenverarbeitungs- und -übertragungssystem verstanden, das sich auf die informatorische Ebene der warenbezogenen Logistik im Handel bezieht, wobei alle Stufen möglicher Unternehmenshierarchien abgedeckt werden und eine Entscheidungsunterstützung für das Management angeboten wird. Es wird ein geschlossenes WWS betrachtet, das ein „exaktes, lückenloses und aktuelles Wissen um alle Warenbewe-*

gungen vom Eingang in einen Markt bis hin zum Ausgang"[36] *ermöglicht. Schließlich ist ein WWS auch dezentral, wenn es durch den Filialrechnereinsatz die dezentrale Abwicklung warenwirtschaftlicher Aufgaben gewährleistet.*[37] *Integrierte WWS ermöglichen zudem, durch die Vernetzung mit Lieferanten, einen zunehmend papierlosen Datenaustausch*[38] *und können außerdem eine Vernetzung mit anderen Marktteilnehmern wie Banken, Distributionsdienstleistern und Marktforschungsinstituten bieten.*

Denn nur ein solches WWS genügt den Anforderungen der Zukunft.

3.2 Aufbauorganisation

Die Gliederung des darzustellenden WWS erfolgt zum einen in die Funktionsbereiche Einkauf und Verkauf, sowie dem funktionsübergreifenden Bereich der Warenlogistik. Inwieweit die Bereiche auch von entsprechenden organisatorischen Einheiten übernommen werden, soll im Rahmen dieser Arbeit nicht zwingend festgelegt werden. Alle dargestellten Funktionsbereiche können von einer beliebigen Aufbauorganisation vollzogen werden, was zu gegebener Zeit noch näher erläutert werden. So kann die hier recht funktionsbezogene Darstellung eines WWS durchaus auch von einer objektorientierten Aufbauorganisation, wie sie Becker vorschlägt, vollzogen werden.[39]

3.3 Operative Einheiten

Um die oben aufgezeigte Komplexität von WWS möglichst gering zu halten, muß man versuchen, nicht für jedes „Geschäft"[40] eine entsprechende softwaretechnische Lösung zu entwickeln. Wenn es im Unternehmen physisch durchaus verschiedene Wareneingänge je Stufe[41] des Handelsbetriebes gibt, muß man sie systemtechnisch mit einer Lösung abdecken können.[42]

Die Mehrstufigkeit eines Handelsbetriebes verdeutlicht Abbildung 2. Es werden alle Stufen eines Handelsbetriebes und auch externe Partner aufgeführt.

---

36 Vgl. Schiffel (1984), S. 59.
37 Vgl. Warenwirtschaft zunehmend dezentral (1989), S. 17.
38 Vgl. Warenwirtschaft zunehmend dezentral (1989), S. 18.
39 Vgl. Becker (1991), S. 135-142.
40 Verschiedene Geschäfte können z.B. der Wareneingang des Zentrallagers, der Wareneingang der regionalen Niederlassung und der Wareneingang der Filiale sein.
41 Verschiedene Stufen des Handelsbetriebes sind Zentrale, Zentrallager, regionale Niederlassung, Lager und Filiale, die noch näher erklärt werden.
42 Vgl. Hertel (1992), S. 87-89.

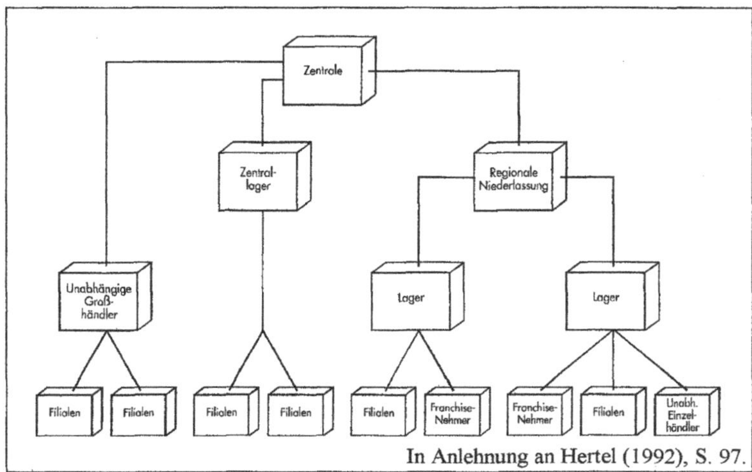

In Anlehnung an Hertel (1992), S. 97.

Abbildung 2: Unternehmensstrukturen in Handelsbetrieben

Damit nicht jede Stufe einer eigenen Softwarelösung entspricht, wird mit den operativen Einheiten[43] eine einheitliche Darstellungsform für alle Stufen eines Handelsunternehmens eingeführt.

Unter einer operativen Einheit wird im folgenden „eine beliebige betriebliche Einheit oder Leistungsstelle, in der operatives Geschäft, also Warenbewegungen, stattfindet“[44], verstanden. Somit sind sowohl die Zentrale, das Zentrallager, die regionale Niederlassung, Lager und auch Filiale als operative Einheiten zu verstehen. In der weiteren Betrachtung wird deutlich, daß sich die verschiedenen operativen Einheiten in ihrer grundlegenden Funktionsweise nicht wesentlich unterscheiden.[45] Die auf die Darstellung der operativen Einheiten folgenden Funktionsbereiche werden somit für alle operativen Einheiten konzipiert, d.h. der Einkauf, die Warenlogistik und der Verkauf werden für alle operativen Einheiten den gleichen Umfang haben, jedoch die letztendliche Nutzung dieser Bereiche hängt von der Organisationsform der Unternehmung ab.[46]

43 Vgl. zu den folgenden Ausführungen zu operativen Einheiten Hertel (1992). Vgl. auch SAP AG (1995).

44 Hertel (1992), S. 93.

45 Vgl. Hertel (1992), S. 92.

46 Vgl. hierzu Baukastenkonzept Hertel (1992), S. 115.

Ein weiterer Aspekt der Vereinfachung durch die operativen Einheiten ist die Mandantenfähigkeit. Übergeordnete operative Einheiten können dabei für untergeordnete Prozesse ausüben, z.B. die Zentrale führt den Einkauf für eine Filiale durch.[47]

3.3.1 Filiale

Die Filiale ist per Definition eine einzelne Betriebsstätte einer Filialunternehmung, die wiederum aus mindestens fünf, räumlich voneinander getrennten Filialen, die unter einheitlicher Leitung stehen, bestehen muß.[48] In ihr wird der Einkauf[49] zum größten Teil von der zentralen Einkaufsabteilung organisiert, nur Teile des Sortiments werden von Filialen selbst eingekauft, um auf diese Weise regionale Unterschiede in den Konsumgewohnheiten der Kunden berücksichtigen zu können.[50] Je größer solche Filialen werden, desto mehr rückt die Einkaufsverantwortlichkeit in den Bereich der Filialen.[51] Ähnliches gilt auch für den Verkauf. Hier kann es jedoch vorkommen, daß die Filialen durch regionale Gegebenheiten mehr Kompetenz erhalten, um durch Sonderaktionen o.ä. entsprechend diesen Gegebenheiten zu reagieren.[52]

Bei genauerer Betrachtung der Warenlogistik einer Filiale ist festzustellen, daß sich die Funktionalitäten von der eines Zentrallagers kaum unterscheiden. Wie im Kapitel 3.4 Funktionsbereiche operativer Einheiten noch zu sehen sein wird, teilt sich die Warenlogistik u.a. in die Teilbereiche Disposition, Wareneingang, Lagerverwaltung und Warenausgang.[53] Diese Bereiche sind eigentlich dem „klassischen" Lager zuzuordnen, jedoch müssen diese Aufgaben auch von der Filiale übernommen werden. Denn auch eine Filiale disponiert bzw. bestellt Ware und vereinnahmt sie. Die Größenordnung entspricht zwar nicht der eines Zentrallagers, aber es ist vom Ablauf mit einem Lager vergleichbar. „Selbst die Lagerverwaltung findet sich auch in der Filiale wieder"[54], jedoch erfolgt die Bestandsführung in Filialen mengen- und wertmäßig, während sie im Lager Platzgenau durchgeführt wird. Regalflächen sind

47 Vgl. Hertel (1992), S. 99-106.
48 Vgl. Gabler (1993), S. 1129f.; Tietz (1993), S. 33.
49 Siehe hierzu den Funktionsbereich Einkauf weiter unten.
50 Vgl. Falk, Wolf (1991), S. 90f.
51 Vgl. Tietz (1993), S. 941-944.
52 Vgl. Tietz (1993), S. 944-950.
53 Die Gliederung ist an das WWS SAP R/3 Retail angelehnt, um diese u.a. bei der späteren Darstellung von Unterschieden wiederzuverwenden.
54 Hertel (1992), S. 94.

mit Greifzonen[55] im Lager vergleichbar, und eine Reservezone einer Filiale kann ein kleines Lager sein, von dem aus Regalflächen, vor allem für Schnelldreher[56], wieder aufgefüllt werden.

Die Bestellannahme eines Handelsunternehmens ist in den meisten Filialen sicherlich der Ausnahmefall, vor allem wenn man sich die vielen Filialen des Lebensmitteleinzelhandels vor Augen führt. Im Non-Food Bereich hingegen sind Bestellannahmen in Filialen durchaus vorzufinden, gerade bei höherwertigen Produkten geht man zur Bestellannahme über, um z.B. die Kapitalbindung zu minimieren. Weitere Beispiele stellen der Zustellhandel dar, bei der jede Lieferung durch eine Bestellung ausgelöst wird, oder das Kataloggeschäft in Filialen, bei dem ein Kunde aus einem Katalog bestellt und die Ware wenige Tage später abholen kann.[57]

Der Warenausgang in der Filiale ist sicherlich etwas einfacher als in einem Lager, weil der Endkunde praktisch selbst kommissioniert und die im Lager damit verbundene zusätzliche Komplexität entfällt.[58] Die vom Kunden kommissionierte Ware wird an der Kasse nicht nur gebucht, sondern in den meisten Fällen auch direkt bezahlt.

3.3.2 Zentral-/Regionallager

Das Zentrallager lagert die Ware für alle Verkaufseinheiten, und das Regionallager betreut nur eine bestimmte Anzahl von Filialen.[59]

Betrachtet man die Funktionsbereiche operativer Einheiten, so fällt auf, daß vor allem die Warenlogistik als der klassische Aufgabenbereich von Zentral- und Regionallager angesehen werden kann, aber, wie oben bereits bei den Filialen angemerkt, nicht ausschließlich. Alle Teilbereiche der Warenlogistik, von der Disposition bis zum Warenausgang, sind in den operativen Einheiten Zentral- und Regionallager anzutreffen.

Inwieweit der Einkauf von diesen Einheiten abgewickelt wird, hängt von der Organisationsform bzw. von der Unternehmensphilosophie ab. „Die Vorteile des Zentraleinkaufs liegen insbesondere in einem verbilligten Einkauf durch Großeinkauf, in einer Förderung von Normung und Standardisierung (z.B. Handelsmarken)

55 Als Greifzone wird der Bereich gemeint, der für einen Kommissionierer (manuell oder elektronisch) direkt greifbar ist. Das Gegenstück ist die Reservezone/Reservelager, die eine Greifzone auffüllt.

56 Schnelldreher sind solche Artikel, die in besonders kurzen Zeiträumen umgesetzt werden.

57 Vgl. zu Bestellannahme von Filialen Hertel (1992), S. 206f.

58 Vgl. Hertel (1992), S. 94.

59 Vgl. Köckeritz (1991), S. 143f.

sowie in einer verminderten Lagerhaltung gegenüber derjenigen bei dezentralem Einkauf."[60]

Der Verkauf wird in den seltensten Fällen von einem Zentral- oder Regionallager durchgeführt, jedoch muß man bedenken, daß z.B. Großhändler in gewissem Umfang auch Barverkäufe tätigen und somit eine Funktion benötigt wird, die eine Sofortfakturierung ermöglicht.[61] Zwar ist ein Regionallager oder ein Zentrallager nicht das gleiche wie ein Großhändler, aber ihre Funktionalität, die Weiterleitung von Ware an kleinere Verkaufseinheiten, ist sehr ähnlich. Der Barverkauf ab Lager kann z.B. auch durch Personalkauf[62] vorliegen.

3.3.3 Niederlassung/Zentrale

Eine regionale Niederlassung oder eine Zentrale unterscheidet sich von den bisher vorgestellten operativen Einheiten dadurch, daß es in der Regel kein eigentliches Warengeschäft tätigt, d.h. keine Warenabwicklung durchführt.[63] Eine mögliche Warenabwicklung, aber auch die Funktionsbereiche Einkauf und Verkauf, läge vor, wenn die Zentrale oder eine Niederlassung für untergeordnete Einheiten einkauft, und die eingekauften Waren mit einen Zuschlag an diese weiterverkauft. In diesem Falle würde die Zentrale oder Niederlassung fast wie eine Filiale fungieren, aber durch das Konzept der operativen Einheiten müßte kein Sonderfall „gestrickt" werden, da der Zentrale und auch der Niederlassung die Funktionalitäten einer Filiale zugeordnet werden können.

3.3.4 Unternehmenshierarchien

Die Organisation mit operativen Einheiten, wie sie Hertel vornimmt, findet sich in abgeänderter Form auch in dem Warenwirtschaftssystem SAP R/3 Retail[64] wieder. Die operativen Einheiten werden einheitlich als „Betriebe" bezeichnet. Der Grundgedanke ist vergleichbar, da Betriebe Verteilzentren, Filialen o.ä. sein können.

Durch das Konzept der operativen Einheiten läßt sich eine sehr „flache" Organisationsstruktur realisieren, denn die operativen Einheiten haben keine hierarchischen Strukturen, sondern stehen in vernetzter Beziehung, die in den Stammdaten festge-

---

60 Falk, Wolf (1991), S.91.

61 Vgl. Marktspiegel (1990), S.56.

62 Wenn Personal, die zum Verkauf stehende Ware, kauft, spricht man vom Personalkauf. Vgl. hierzu Gabler (1993), S. 2566.

63 Vgl. Hertel (1992), S. 95.

64 Vgl. SAP AG (1995), S „2-2".

halten werden, zueinander.[65] Bei organisatorischem Aus- oder Umbau eines Unternehmens werden funktionale Bereiche nicht tangiert, sondern lediglich die Beziehungen zwischen den operativen Einheiten. Dadurch ist das Konzept sehr flexibel, was vor allem im Handel, der stetigen Änderungen unterliegt, zwingend notwendig ist. Auch Tietz stellt die Forderung, „daß durch organisatorische Veränderungen die Informationsmodule nicht verschlechtert werden dürfen"[66].

3.3.5 Zusammenwirken der operativen Einheiten

Die Vernetzung der operativen Einheiten erfolgt durch eine gemeinsame, verteilte Datenbank, an der alle Einheiten gekoppelt sind. Eine Kommunikation auf vertikaler Ebene, z.B. zwischen Zentrale und Niederlassung, und auf horizontaler Ebene, z.B. Filialen untereinander, kann dadurch stattfinden. Eine Steuerungs- und Kommunikationsebene ermöglicht dabei die Kommunikation zwischen den operativen Einheiten[67], wie Abbildung 3 verdeutlicht.

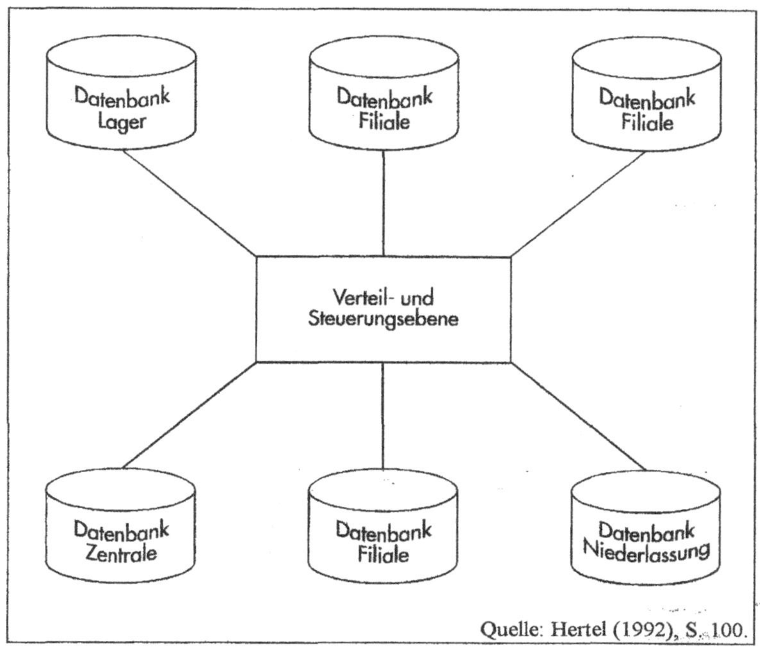

Quelle: Hertel (1992), S. 100.

Abbildung 3: Kommunikation zwischen operativen Einheiten

65 Vgl. Hertel (1992), S. 96-99.
66 Tietz (1976), S. 983.
67 Vgl. Hertel (1992), S. 99-103.

Die letztendliche Realisierung der Kommunikation der operativen Einheiten untereinander, und auch zu externen Partnern, sollte durch Standard-Kommunikationsschnittstellen erfolgen.[68] Als Beispiel wären hier die Standardregeln einheitlicher Datenaustauschsysteme (SEDAS) genannt, die im Jahre 1978 bei der Centrale für Coorganisation (CCG) entstanden. SEDAS enthält folgende Regelungen:[69]

- Standardregelungen für den Rechnungsverkehr
- Standardregelungen für die Übermittlung der Regulierungsinformation
- Standardregelungen für den Bestellverkehr
- Standardregelungen für die Marktdatenkommunikation (MADAKOM)

Abbildung 4 zeigt die Partner bzw. die externen Schnittstellen eines Warenwirtschaftssystems, mit denen Kommunikation betrieben werden kann.

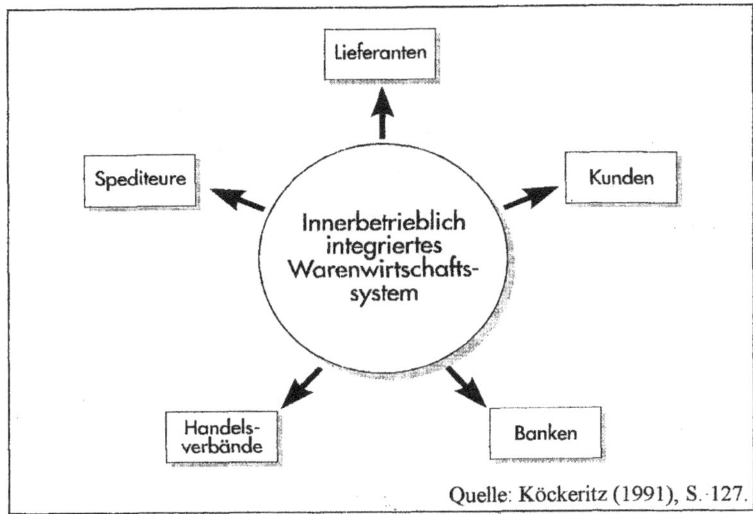

Abbildung 4: Externe Schnittstellen zu einem innerbetrieblichen integrierten Warenwirtschaftssystem

68 Vgl. Olbrich (1994), S. 133-140.
69 Vgl. Tietz (1987), S. 503-506.

3.4 Funktionsbereiche und Stammdaten operativer Einheiten

Ein WWS setzt sich, wie bereits in der Definition zu erkennen war, aus verschiedenen Funktionsbereichen, auch Module genannt, zusammen. Zum einen die sehr naheliegenden Bereiche Einkauf und Verkauf, und zum anderen der Bereich Warenlogistik. Die Management-Informationssysteme stellen ein übergeordnetes Steuerungsinstrument für Entscheidungsträger dar.

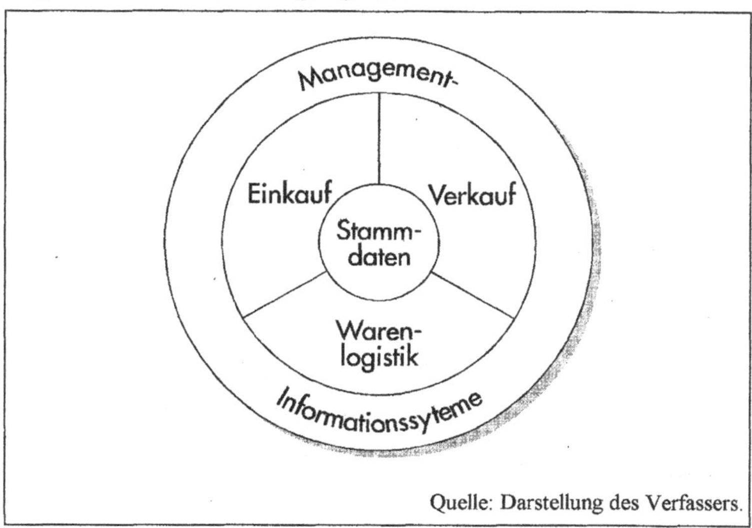

Quelle: Darstellung des Verfassers.

Abbildung 5: Übersicht Funktionsbereiche und Management-Informationssysteme (MIS)

Die Stammdaten werden als separater Bereich aufgeführt und betrachtet, weil sie funktionsunabhängig allen anderen Funktionsbereichen Informationen zur Verfügung stellen. Die weitere Unterteilung in Einkauf, Verkauf und Warenlogistik ist damit zu begründen, daß im Einkauf und Verkauf ein informativer Warenfluß stattfindet, also Daten zur Steuerung der Warenbewegung, und in der Warenlogistik die physische Warenbewegung aufgrund der Daten des informativen Warenflusses.[70]

Was vor allem in Hinblick auf die operativen Einheiten sehr wichtig erscheint ist, daß Funktionsbereiche, auch wenn sie im folgenden mit ihrem gesamten Umfang dargestellt werden, innerhalb der operativen Einheiten sehr unterschiedlich genutzt

70 Vgl. Walter Lezius (1989), S. 8.

werden können. Dieser Aspekt wurde bei der Beschreibung der einzelnen operativen Einheiten bereits ausführlich erläutert.

Die tatsächliche Nutzung von Funktionalitäten kann z.B. über das sogenannte „Customizing“[71] der Standardsoftware SAP R/3 vorgenommen werden. Hier besteht die Möglichkeit, gewisse Felder zu aktivieren und zu deaktivieren, so kann z.B. bei der Prognose zwischen Konstantmodell, Trendmodell, Saisonmodell und Trend-Saison-Modell ausgewählt werden.[72]

3.4.1 Stammdaten

„Basis eines jeden EDV-gestützten Systems sind die Stammdaten. Eine einheitliche - d.h. genormte - Stammdatenstruktur ist notwendige Voraussetzung für ein Warenwirtschaftssystem, da alle Teilsysteme auf diese Datenbasis zugreifen, sie benutzen und ggf. verändern bzw. aktualisieren.“[73]

Stammdaten sind sach- und personenbezogene Angaben, die permanent zur Verfügung gestellt werden und eine wichtige Voraussetzung für eine artikelgenaue Warenwirtschaft darstellen.[74] „Stammdaten, auch als feste Daten bezeichnet, sind zustandsorientierte Daten, und dienen der Identifizierung, Klassifizierung und Charakterisierung von Sachverhalten.“[75] Sie liegen oft längere Zeit in unveränderter Form vor, und werden im Gegensatz zu Bewegungsdaten[76] nur periodisch aktualisiert.[77]

Es gibt zwei Organisationsformen der Stammdatenerfassung, zum einen eine zentrale Datenerfassung, die z.B. durch eine Datenerfassungsstelle erledigt werden kann, und zum anderen die dezentrale Datenerfassung, bei der die Erfassung von Fachabteilungen bzw. von Funktionsbereichen vorgenommen wird.[78] Die folgende Tabelle zeigt eine Auflistung der Vor- und Nachteile der jeweiligen Organisationsform. Welche Form gewählt wird, hängt von der Organisation eines Unternehmens ab.

---

71 Unter Customizing wird in diesem Zusammenhang die Parameterisierung/Einstellung eines Programmes verstanden. Eine Standardsoftware wird auf die Ansprüche eines Unternehmens angepaßt, d.h. es wird versucht die Gegebenheiten eines Unternehmens möglichst gut in dieser Standardsoftware abzubilden.

72 Vgl. SAP AG (1995), S. „5-7“f.

73 Köckeritz (1991), S. 77.

74 Vgl. Bernartz (1990), S. 141-144.

75 Leismann (1990), S. 16.

76 Bewegungsdaten unterliegen ständigen Änderungen, z.B. Bestandszahlen.

77 Vgl. Bernartz, W. (1990), S. 141-144; Gabler (1993), S. 3093.

78 Vgl. Köckeritz (1991), S. 77-79.

Stammdatenerfassung	Bewertung	
	Vorteile	Nachteile
zentral	rasche und fehlerfreie Erfassung durch spezialisiertes Personal systemgerechte Erfassung der Daten durch Vorkontrolle	Wartezeiten (durch zentrale Eingabe und in Stoßzeiten) die Beurteilung der Daten ist nur formal, jedoch nicht inhaltlich möglich
dezentral	die Erfassung der Daten erfolgt sofort systemgerechte Erfassung der Daten durch Vorkontrolle die Daten können vom Erfasser inhaltlich beurteilt werden ein stetiger Umgang mit dem System ist hilfreich für die weitere Systemnutzung	die Einheitlichkeit der Stammdaten ist nicht sichergestellt erhöhte Arbeitsbelastung in Stoßzeiten (z.B. neues Sortiment) und von daher Fehleranfälligkeit der Datenerfassung Datenerfassung durch evtl. zu hoch qualifiziertes Personal und von daher zu teuer
		Quelle: Köckeritz (1991), S. 79.

Tabelle 1: Vor- und Nachteile zentraler und dezentraler Stammdatenerfassung

Die wesentlichen Stammdaten sind die für Lieferanten, Kunden und Artikel,[79] aber auch die der Konditionen und der Zeitsteuerung[80], und nicht zuletzt die oben dargestellten operativen Einheiten. Die folgende Abbildung verdeutlicht die Stammdaten als Teil des WWS und deren Inhalt in grafischer Form:

79 Vgl. Gabler (1993), S. 3093.
80 Vgl. SAP AG (1995), S. „4-17 bis 4-20".

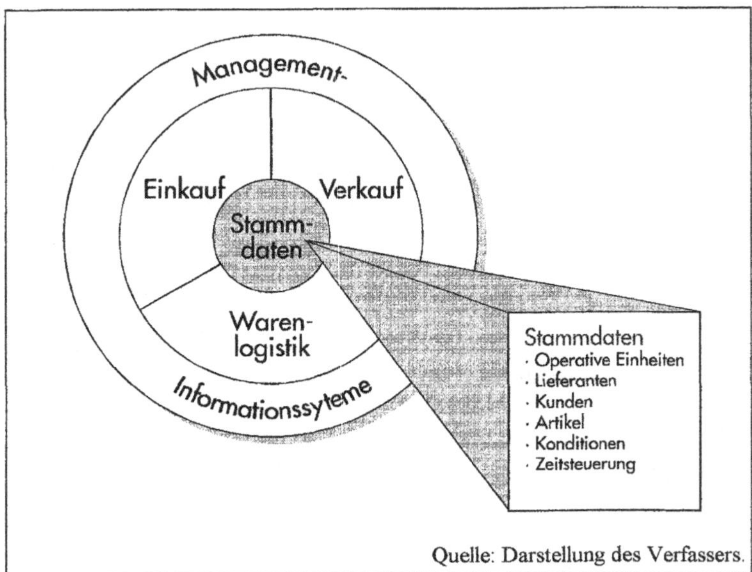

Quelle: Darstellung des Verfassers.

Abbildung 6: Stammdaten als Teil des Warenwirtschaftssystems

Nachdem allgemein auf die Stammdaten eingegangen wurde, sollen nun die verschiedenen Stammdaten im einzelnen betrachtet werden.

3.4.1.1 Operative Einheiten

Da es nicht allgemeingültige Stammdaten für operative Einheiten geben kann, sollen hier vor allem die wichtigsten Daten aufgeführt werden.[81] Je nach Konzeption eines Warenwirtschaftssystems können die Stammdaten an unterschiedlicher Stelle gehalten werden. Es soll vor allem aufgezeigt werden, daß gewisse Grundinformationen, egal an welcher Stelle sie gehalten werden, vom WWS zur Verfügung gestellt werden müssen. Tabelle 2 führt die wesentlichen Stammdaten der operativen Einheiten auf.

81 Vgl. Köckeritz (1991), S. 146; SAP AG (1995), S. „4-21" bis „4-24".

Stammdaten-Bezeichnung	Inhaltliche Beschreibung
Identifikationsnummer	Nummer der operativen Einheit
Bezeichnung	Name der operativen Einheit
Adresse	Örtliche Beschreibung, z.B. Straße, PLZ und Ort
Grundstücksgröße, bebaute Fläche, Gebäudenutzfläche, Erweiterungsfläche, umbauter Raum	Flächenkennzahlen bei Filialen oder bei Lägern
Investitionssumme	Kosten für Grundstück, Bebauung, Erschließung usw.
Anzahl Arbeitsplätze	Arbeitsplätze, die zu dieser operativen Einheit zählen
Anzahl Lagerplätze	Auch Unterteilung nach Paletten-, Behälter- und anderen Plätzen
Transporthilfsmittel	Alle Transporthilfsmittel, die zur Verfügung stehen, z.B. Stapler, Kräne, Hubwagen

Tabelle 2: Stammdaten operativer Einheiten

3.4.1.2 Lieferanten

Genau wie bei den Stammdaten der operativen Einheiten, sind in den Stammdaten der Lieferanten Grundinformationen festgehalten, die im Zeitablauf stabil sind und nur seltenen Änderungen unterliegen.[82]

Der Lieferantenstamm kann, wie in Tabelle 3 dargestellt,[83] aufgebaut sein. Die Konditionen werden in separaten Stammdaten gehalten, wie es z.B. auch von dem WWS Retail der SAP AG organisiert wird, und nicht zusammen mit den Stammdaten der Lieferanten. Die Tabelle erhebt nicht den Anspruch auf Vollständigkeit, sie soll jedoch ein Beispiel für einen Lieferantenstamm darstellen.

82 Siehe Ausführungen zu Stammdaten.

83 Vgl. hierzu Bernartz (1990), S. 149-151; Köckeritz (1991), S. 80; Kurbel (1993), S. 107f.; Leismann (1990), S. 16f.

Stammdaten-Bezeichnung	Inhaltliche Beschreibung
Lieferantennummer	Schlüssel für Lieferanten
Matchcode	Suchschlüssel für Lieferant
Name	Firmenname des Lieferanten
Name 2	Möglicher Zusatzname
Adresse	Straße, Postfach, PLZ und Ort
Telefon-/FAX-/Telexnummer	
Ansprechpartner	Mögliche Ansprechpartner einer Firma, denen noch charakterisierende Attribute zugewiesen werden können[84]
Verband	Ein Verband, dem ein Unternehmen angehört
Bankanschrift	BLZ, Bankbezeichnung und Kontonummer des Lieferanten

Tabelle 3: Stammdaten der Lieferanten

Bei der Lieferantennummer kann es sich zum einen um eine manuell oder eine vom System automatisch zu vergebene Nummer handeln. Der hier aufgeführte Matchcode soll die Suche nach einem Lieferanten erleichtern.[85]

3.4.1.3 Kunden

Inwieweit Stammdaten zu Kunden gehalten werden, hängt von der Unternehmung ab, die das WWS einsetzt. Wenn man sich Filialen des Lebensmitteleinzelhandels vor Augen führt, so ist es sicherlich die Ausnahme, daß Stammdaten zu Kunden gehalten werden. Wenn man jedoch Kaufhäuser als Beispiel nimmt, so sind Kundenstammdaten, gerade bei immer vermehrten Einsatz von Kundenkarten, die als Basis für das Database-Marketing[86] dienen, von Interesse.[87]

Die Stammdaten zu Kunden sind gewöhnlich zwischen Warenwirtschaftssysteme sehr unterschiedlich. Gewisse Grundinformationen, wie Name und Anschrift, werden bei den meisten WWS in Stammdaten gehalten, jedoch weitergehende Informationen wie zuständige Verkäufergruppe[88] o.ä., sollten aber ebenfalls in den

84 Vgl. Standardsoftware SAP R/3.

85 Vgl. Bernartz (1990), S. 150.

86 Die Ausgabe eigener Kundenkarten ermöglicht die Erhebung kundenspezifischer Daten, die in Verbindung mit den Einkäufen des Kunden für kunden- und zielgruppenspezifisches Marketing, das sogenannte Database-Marketing, nutzbar sind.

87 Vgl. Zentes, Exner, Braune-Krickau (1989), S. 101-107.

88 Verkäufergruppe ist als eine Gruppe von Verkäufern zu verstehen, die für einen bestimmten Kundenbereich zuständig sind.

Stammdaten zu Kunden speicherbar sein. Tabelle 4 stellt noch einmal die wesentlichen Informationen zu Kunden, die in den Stammdaten gehalten werden sollten, zusammen.[89]

Stammdaten-Bezeichnung	Inhaltliche Beschreibung
Kundennummer	Schlüssel für Kunden
Matchcode	Suchschlüssel für Kunden
Name	Name des Kunden
Name 2	Möglicher Zusatzname
Adresse	Straße, Postfach, PLZ und Ort
Telefon/FAX/Telex -Nummer	
Ansprechpartner	Mögliche Ansprechpartner einer Firma, denen noch charakterisierende Attribute zugewiesen werden können[90]
Verband	Ein Verband, dem ein Unternehmen angehört
Bankanschrift	BLZ, Bankbezeichnung und Kontonummer der Bank des Lieferanten
Klassifikation	Merkmale, nach dem ein Kunde klassifiziert werden kann; vor allem für das später beschriebene Management-Informationssystem notwendig

Tabelle 4: Stammdaten der Kunden

Bei der Kundennummer kann es sich, wie bei der Lieferantennummer, zum einen um eine manuell oder eine vom System automatisch zu vergebene Nummer handeln. Der Matchcode soll auch hier die Suche nach einem Kunden erleichtern.[91]

Um die Verwaltung von Lieferanten- und Kundennummern zu vereinheitlichen, kann die bundeseinheitliche Betriebsnummer (BBN) verwendet werden. Die BBN hat insgesamt 8 Stellen mit folgendem Aufbau:[92]

1.-2. Stelle: Länderkennzeichen
3.-7. Stelle: fortlaufende Zählnummer
8. Stelle: Prüfziffer

89 Vgl. hierzu Kurbel (1993), S. 107f.; Leismann (1990), S. 16f.
90 Vgl. Standardsoftware SAP R/3.
91 Vgl. Bernartz (1990), S. 150.
92 Vgl. Centrale für Coorganisation (1986).

In Deutschland wird die fortlaufende Zählnummer von der Centrale für Coorganisation in Köln vergeben. Die BBN als Basis für die Lieferantennummer erleichtert die Kommunikation mit den Herstellern, da für jedes Unternehmen einheitliche Nummern verwendet werden können.

3.4.1.4 Artikel

In den Stammdaten zu Artikeln werden ebenfalls gewisse Grundinformationen gehalten, die jederzeit abrufbar sein müssen, und nur seltenen Veränderungen unterliegen.[93] Es besteht die Möglichkeit für die Artikelpflege Angaben von übergeordneten Warengruppen vorzugeben. Ob die Stammdaten für Artikel auf Warengruppenebene gepflegt werden, hängt von der Unternehmung ab. Dabei wird jeder Artikel einer Warengruppe zugeordnet, und es können gewisse Vorgaben von der Warengruppe an die Artikel gemacht werden.[94] Solche Vorgaben sind besonders dann wichtig, wenn das Unternehmen besonders viele Artikel führt, denn so kann die Massenpflege von Artikeldaten erleichtert werden. Das gleiche könnte man erreichen, wenn Hauptgruppen, Sortimente, o.ä. gebildet werden. Jeder Artikel kann Vorgabewerte der Obergruppen „erben".

Die folgende Tabelle 5 stellt ebenfalls eine beispielhafte Auflistung von Artikelstammdaten dar.[95]

93 Vgl. Bernartz (1990), S. 151-153.

94 Vgl. SAP AG (1995), S. „4-9 bis 4-11".

95 Vgl. zu Artikelstammdaten Becker, Rosemann (1993), S. 161-168; Köckeritz (1991), S. 81-87; Kurbel (1993), S. 61-63; Leismann (1990), S. 16f.

Stammdaten-Bezeichnung	Inhaltliche Beschreibung
Artikelnummer	Nummer für den Artikel (z.B. EAN)
Artikelbezeichnung	Name des Artikels
Warengruppen-Nummer	Warengruppe, die einem Artikel zugeordnet sein kann
Lieferanten-Nummer	mögliche Lieferanten für einen Artikel
Lieferanten-Artikelnummer	Artikelnummer des Lieferanten
Matchcode	Suchnummer für Artikel
Einkaufspreis	Einkaufspreis, der aber über Konditionen noch geändert werden kann (siehe Kapitel 3.4.1.5 Konditionen)
Verkaufspreis	Verkaufspreis, Veränderungen ebenfalls über Konditionen
Beschreibungen	Größe, Farbe, Gewicht und Abmessungen
Mengeneinheit	Stück, KG o.ä.
Eigenschaften	Volumen, Gewicht, Verträglichkeit, Zerbrechlichkeit, Umschlagshäufigkeit, Saisoneinfluß, Verkaufsaktion o.ä., wichtig vor allem für Einlagerung
Mindestbestand	Bestand der nicht unterschritten werden sollte
Bestellmenge	Mindestbestellmenge für einen Artikel

Tabelle 5: Stammdaten der Artikel

Die Artikelnummer kann durch eine Europäische Artikel-Nummer (EAN) vergeben werden, eine „für den Nahrungsmittelbereich international genormte Schnittstelle zwischen der artikelbezogenen Datenverarbeitung der verschiedenen Handelsstufen“[96]. Die EAN stellt eine Norm zur Artikelidentifizierung dar, an der sich seit 1.1.1987 über 30 Länder in allen fünf Kontinenten beteiligen.[97] Sie ermöglicht eine weltweit eindeutige Identifizierung aller Artikel und eignet sich zudem noch für eine Darstellung in maschinenlesbarer Form. Dieser sogenannte EAN-Code kann z.B. von Scannern gelesen werden, wodurch eine artikelgenaue Datenerhebung möglich wird.[98] Desweiteren bietet der Einsatz einer solchen Scannertechnologie die Chance eine Datenbasis zu schaffen, anhand derer die Dynamik der Preisre-

96 Gabler (1993), S. 851.
97 Vgl. Centrale für Coorganistion (1986).
98 Vgl. Heidel (1989), S. 3.

sponse für viele Konsumgüter gültig und zuverlässig gemessen wird.[99] Grundsätzlich hat die EAN folgenden Aufbau:[100]

1.-2. Stelle: Länderkennzeichen
3.-7. Stelle: Herstellernummer
8.-12. Stelle: individuelle Artikelnummer des Herstellers
13. Stelle: Prüfziffer

Die EAN kann die Voraussetzung für eine artikelgenaue Warenausgangserfassung darstellen, jedoch stehen viele Unternehmen der EAN eher skeptisch gegenüber, da z.B. ein und der gleiche Artikel, der von zwei Herstellern geliefert wird, automatisch zwei verschiedene EANs hätte, da die Herstellernummer Teil der EAN ist.[101]

3.4.1.5 Konditionen

In den Stammdaten Lieferanten wurde bereits angedeutet, daß Konditionen auch in Verbindung mit den Lieferanten gehalten werden können. Hier soll allerdings die Lösung vorgestellt werden, bei der die Konditionen einen eigenen Stammdatensatz darstellen und diese mit Lieferanten oder Kunden verbunden werden. Solch eine Vorgehensweise wird auch bei dem WWS SAP R/3 Retail vorgenommen, auf deren Vorgehensweise im vierten Kapitel dieser Arbeit näher eingegangen wird.

Wie sich die Konditionen im einzelnen gliedern und welche verschiedenen Konditionen möglich sind, zeigt das Datenmodell in Abbildung 7.

Es wird deutlich, daß es die unterschiedlichsten Konditionen gibt. Beispielsweise ist die Preis-Kondition die Kondition der Preise, d.h. der Einkaufspreis, Verkaufspreis usw. Die aufgeführte Zu- und Abschlag-Kondition sind Rabatte, die von einem Lieferanten gewährt werden, oder auch Aufschläge, die einem Kunden in Rechnung gestellt werden.

---

99 Vgl. Kucher (1985), S. 3. Unter dem hier verwendeten Begriff Preisresponse wird die Absatz- oder Marktanteilsveränderung eines Artikels, die einer Veränderung des absoluten oder relativen Preises dieses Artikels ursächlich zuzuschreiben ist, verstanden.

100 Vgl. Centrale für Coorganistion (1986).

101 Vgl. Hertel (1992), S. 54-55.

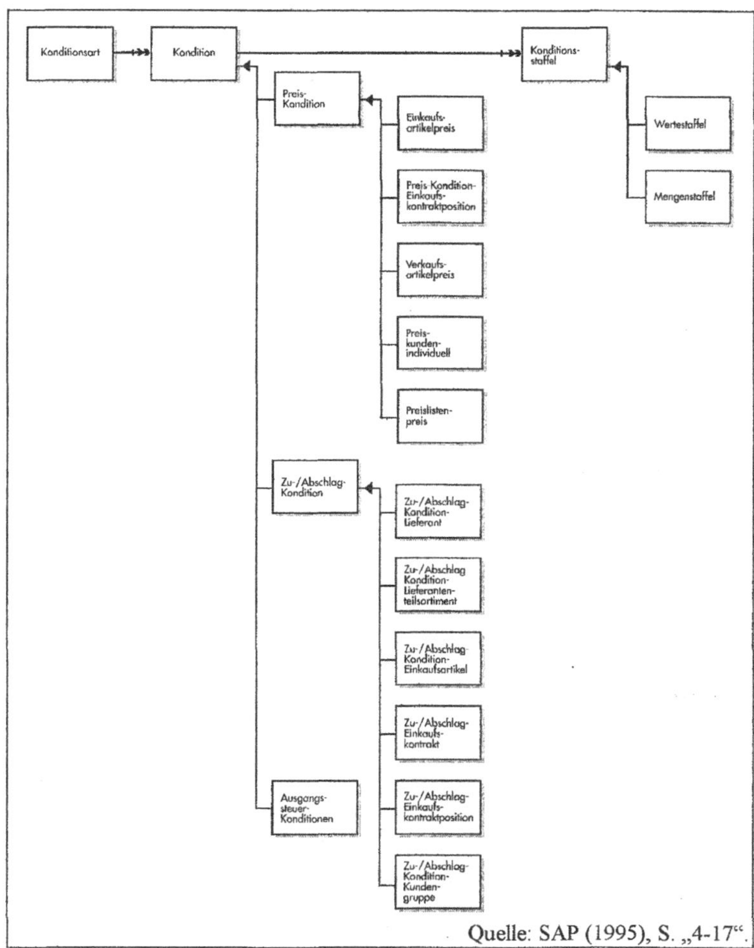

Quelle: SAP (1995), S. „4-17".

Abbildung 7: Datenmodell Konditionen (vereinfachter Ausschnitt)

3.4.1.6 Zeitsteuerung

„Während des gesamten Lebenszyklus ermöglicht die Zeitsteuerung eine zeitlich differenzierte Pflege von Stammdaten."[102] So können für bestimmte Artikel Konditionen für einen abgegrenzten Zeitraum Gültigkeit haben, z.B. saisonale Modeartikel. Außerdem kann die Zeitsteuerung den Lebenszyklus eines Artikels be-

102 SAP AG (1995), S. „4-4".

reits im Vorfeld festlegen, in dem man ihn ab einem bestimmten Datum nicht mehr in der Artikellistung[103] aufführt. Der Zeithorizont kann dabei nach strategischen und operativen Gesichtspunkten unterschieden werden, d.h. strategisch für längerfristige Vorgaben, wie z.B. der Lieferant für einen bestimmten Artikel, und nach operativen für kurzfristige Vorgaben.

3.4.2 Einkauf

Der Begriff Einkauf wird in der Literatur sehr unterschiedlich behandelt und definiert. Es gibt die Auffassung, daß der Einkauf auch als Beschaffung bezeichnet werden kann und die Beschaffungslogistik als ein Teilbereich von ihr angesehen wird.[104] Es gibt aber auch den Ansatz, der im folgenden auch verwendet wird, daß sich die Beschaffung in die Bereiche Einkauf und Beschaffungslogistik unterteilt.[105] Dabei kommen dem Einkauf administrative Aufgaben wie Lieferantenauswahl, Vertragsverhandlung, -gestaltung und -abschluß zu. Die Beschaffungslogistik hingegen ist für die Abwicklung des physischen Materialflusses zuständig und wird als eigener Bereich im Kapitel zur Warenlogistik behandelt, da dort alle Aufgaben, die mit dem physischen Materialfluß im Zusammenhang stehen, erläutert werden.

Um die Vielfältigkeit der Begriffsdefinitionen noch zu verdeutlichen, sei zusätzlich die Auffassung von Ebert angeführt. Er sieht als Aufgaben des Einkaufs die Angebotsverwaltung, die Rechnungskontrolle und das Bestellwesen.[106] Das Bestellwesen wird, da es sich hierbei auch um den materiellen Warenfluß handelt, in der Warenlogistik behandelt. Die Aufgaben Rechnungskontrolle und Angebotsverwaltung, im Sinne von Angeboten der Lieferanten, fallen in den Bereich Einkauf. Es sei jedoch angemerkt, daß die Angebotsverwaltung in dieser Betrachtung zur Teilfunktion Lieferantenverwaltung gehört.

Das Modul Einkauf eines WWS, das den zukünftigen Anforderungen Genüge leistet, umfaßt im folgenden die administrativen Bereiche Lieferantenauswahl bzw. Lieferantenverwaltung, das Aushandeln und die Pflege von Konditionen bzw. Verträgen, die Durchführung der Rechnungsprüfung und der Bonusabrechnung sowie die Einkaufsbündelung. Der Teilbereich Disposition, der von einigen Autoren ebenfalls zum Einkauf gezählt wird, ist in dieser Betrachtung dem Funktionsbereich Warenlogistik zugeordnet, da sie den Auslöser für den dort behandelten Material-

---

103 Unter Artikellistung wird die Aufnahme eines Artikels in ein Sortiment verstanden.
104 Vgl. Gabler (1993), S. 904.
105 Vgl. Becker, Rosemann (1993), S. 56.
106 Vgl. Ebert (1986), S. 123-127.

fluß darstellt. Desweiteren wird im Funktionsbereich Einkauf die Pflege von Stammdaten zum Einkauf, zum einen die oben bereits angeführten Lieferanten und Konditionen, und zum anderen für einkaufsspezifische Daten zu Artikeln, vorgenommen. Es kann allerdings auch, wie bei den Stammdaten bereits angemerkt, eine zentrale Stammdatenerfassung und -pflege durchgeführt werden, was ohne Konsequenz für das WWS bleibt.

Der Einkauf hat vor allem Schnittstellen zu der eben angeführten Warenlogistik. Von ihr erhält der Einkauf u.a. die Dispositionsmengen und die tatsächlich, durch den Wareneingang ermittelten, angelieferten Mengen, für eine abschließende Rechnungsprüfung. Die Ergebnisse der Rechnungsprüfung werden, ebenfalls über eine Schnittstelle, an das Handelscontrolling für Auswertungen und an die Finanzbuchhaltung zur Rechnungsbegleichung übergeben.[107] Eine weitere Schnittstelle, nämlich die zum Verkauf, ergibt sich aus der Tatsache, daß Verkaufspreise im Handel durch die üblicherweise verwandte Zuschlagskalkulation ermittelt werden. Außerdem muß aufgrund der Mandantenfähigkeit eines WWS auch im Einkauf die Kommunikation zu anderen operativen Einheiten gewährleistet sein.

Inwieweit der Funktionsbereich Einkauf mit einer organisatorischen Einheit[108] Einkauf gleichzusetzen ist, hängt von der Philosophie der Unternehmung ab. So ist es durchaus denkbar, daß es eine organisatorische Einheit Warenlogistik gibt, die für die Disposition verantwortlich ist. Auf der anderen Seite besteht aber auch die Möglichkeit, daß die Warenlogistik nur als Modul im WWS existiert, und organisatorische Einheiten wie Einkauf, Verkauf und Lager gemeinsam für diesen Bereich zuständig sind. Auch für die Funktionsbereiche Warenlogistik und Verkauf sei bereits an dieser Stelle angemerkt, daß deren Zuordnung zu organisatorischen Einheiten nicht verallgemeinert werden können, sondern von der jeweiligen Aufbauorganisation der Unternehmung abhängen.

Wie sich der Einkauf als Modul des Warenwirtschaftssystems darstellt, und welche Teilbereiche von ihm abgedeckt werden, zeigt Abbildung 8 in grafischer Form.

107 Vgl. SAP AG (1995), S. „5-29“ und späteres Kapitel zum Handelscontrolling.

108 Die organisatorische Einheit ist nicht mit den operativen Einheiten zu verwechseln. Die organisatorische Einheit stellt vielmehr ein Element der Aufbauorganisation dar und ist der Zuordnungsbereich von Kompetenzen für einen oder mehrere Handlungsträger. Vgl. hierzu Gabler (1993), S. 2519.

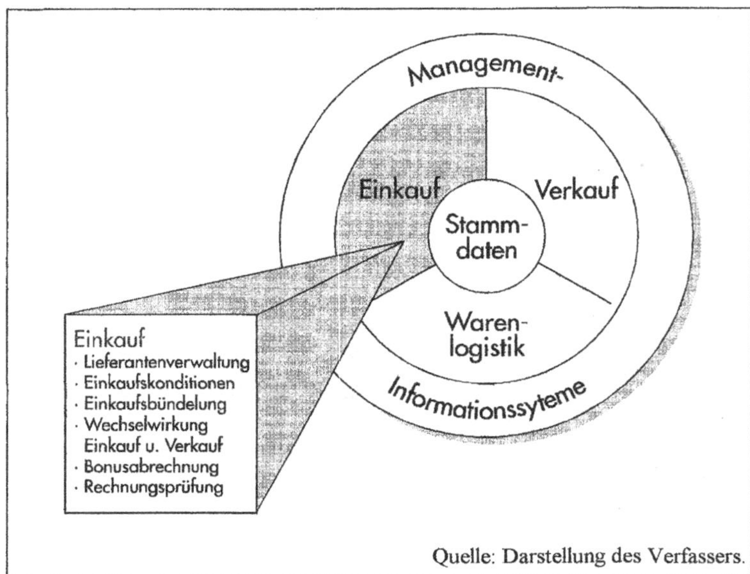

Quelle: Darstellung des Verfassers.

Abbildung 8: Einkauf als Teil des Warenwirtschaftssystems

3.4.2.1 Lieferantenverwaltung

Die Lieferantenverwaltung eines WWS ist für die Auswahl, Listung[109] und Pflege der Lieferanten zuständig, d.h. eine operative Einheit verwaltet damit seine Lieferanten, z.B. eine Filiale seine Streckenlieferanten und seine Läger, wobei die beliefernden Läger einer Filiale im Sinne der operativen Einheiten in diesem Kontext ebenfalls als Lieferanten verstanden werden.[110]

Die Pflege der Lieferanten ist zum einen die Pflege der Stammdaten der Lieferanten,[111] die organisatorisch auch dezentral vorgenommen werden kann, und zum anderen die Pflege von Einkaufskonditionen der Lieferanten, die später detaillierter erklärt werden.

Ein weiterer Aspekt der Lieferantenverwaltung ist die Listung und Auswahl der Lieferanten. Im Zuge immer komplizierter werdender Einkaufskonditionen, z.B. Mengenstaffeln, Rückvergütungen, saisonale Einkaufspreise o.ä., kann ein WWS

---

109 Unter Listung von Lieferanten ist die Aufnahme eines Lieferanten in eine Lieferantendatei einer Unternehmung zu verstehen.

110 Vgl. Hertel (1992), S. 120.

111 Siehe Stammdaten zu Lieferanten in Kapitel 3.4.1.2.

hierbei erhebliche Unterstützungen liefern. Vor allem die Entscheidung für den günstigsten Lieferanten stellt Einkäufer vor immer größere Probleme. „Auf der Grundlage einer Lieferantendatei, in der die relevanten Informationen gespeichert werden können und der ständige Warenverkehr zwischen Zulieferer und Großhändler aufgezeichnet ist, kann das WWS dem Anwender bei der Auswahl eines geeigneten Lieferanten wertvolle Hilfeleistungen erbringen.“[112] Das WWS muß den Einkäufer beispielsweise bei folgenden Fragestellungen unterstützen:[113]

- Lieferbereitschaft eines Lieferanten; Vergleich zwischen der Anzahl der Bestellungen und der Anzahl der pünktlichen Lieferungen
- Berechnung der jeweils günstigsten Lieferantenkonstellation über ganze Sortimentsbereiche (Preisvergleich)
- Berücksichtigung von Logistikkosten o.ä.
- Bewertung alternativer Logistikwege
- Termintreue eines Lieferanten; Vergleich zwischen den vertraglich vereinbarten und den tatsächlichen Lieferzeitpunkten, besonders wichtig bei JIT-Belieferung
- Qualität der gelieferten Waren; Meßverfahren beim Wareneingang und Reklamationen von Kunden müssen zur Verfügung gestellt werden
- Flexibilität des Lieferanten; Reaktionsfähigkeit bzw. -geschwindigkeit bei sich ändernden Anforderungen

Bei der Lieferantenbeurteilung wird außerdem die artikelspezifische Ergebnisrechnung künftig eine wichtigere Rolle spielen. „Dieser artikelspezifische Ertrag soll den Einkäufern am Bildschirm zur Verfügung gestellt und den Konditionsverhandlungen zugrunde gelegt werden. Neben dem Einkaufspreis und den Konditionen werden damit artikelspezifische Erträge und Plazierungen zunehmend Grundlage der Einkaufsverhandlungen“[114]. Für eine exakte Lieferantenbewertung müssen Daten auf Basis jeder Warenbestell-, Wareneingangs-, Warenausgangs- und Rechnungsposition vom operativen Handelscontrolling, was zu einem späteren Zeitpunkt erläutert wird, gesammelt, ausgewertet und zur Verfügung gestellt werden.[115]

Wenn hier die Rede von Lieferanten ist, so muß man berücksichtigen, daß ein Lieferant, bei dem bestellt wird, nicht unbedingt die Ware liefert und die Rechnung

112 Marktspiegel (1990), S. 33.
113 Vgl. Marktspiegel (1990), S. 33f.; Hertel (1992), S. 120f.
114 Zentes, Exner, Braune-Krickau (1989), S. 393.
115 Vgl. Hertel (1992), S. 122.

stellt. So können beispielsweise Rechnungen vom eigentlichen Warenlieferant, vom Spediteur und auch von einem Zollamt kommen. Diese Vielfalt läßt sich auch auf die eigentliche Warenlieferung übertragen, wenn z.B. die Ware zum Teil von einem Lieferanten und zu einem anderen Teil direkt vom Hersteller angeliefert wird. Es sind sicherlich noch weitere Fälle denkbar, aber strukturiert man alle diese Fälle, so lassen sich alle Lieferanten in drei Lieferantentypen einordnen:[116]

- ein Bestell-Lieferant
- ein oder mehrere Versand-Lieferanten
- ein oder mehrere Konditions-Lieferanten

Der Bestell-Lieferant ist dabei der Lieferant, bei dem die Ware bestellt wird. Der Versand-Lieferant ist der Lieferant, der die Ware liefert und der Konditions-Lieferant ist der Lieferant, der Einkaufskonditionen gewährt und in Rechnung stellt. Beispielsweise könnte ein Handelsunternehmen direkt bei einem Hersteller bestellen (aus Zeitgründen), die Rechnung erhält das Unternehmen von einem Einkaufsverband, dem es angehört, und die eigentliche Lieferung wird von einem Spediteur erledigt. Ein WWS des Handels muß alle diese Fälle abdecken können, um den Anforderungen des Handels gerecht zu werden.

3.4.2.2 Einkaufskonditionen

Innerhalb des Moduls Einkauf kommt der Einkaufskonditionenverwaltung sicherlich die größte Bedeutung zu. Es werden möglichst günstige Konditionen ausgehandelt um entscheidende Gewinnpotentiale bzw. Handelsspannen[117] zu realisieren. Entsprechend „kreativ“ gehen die Einkäufer - aber auch die Verkäufer der Industrie - an diese Aufgabe heran. Das äußert sich im Aushandeln immer neuer Typen von Konditionen, Rabatten usw. Dieser Aspekt stellt erhebliche Anforderungen an die Flexibilität des Subsystems Einkaufskonditionen innerhalb des WWS dar.[118]

Die hohe Komplexität von heutigen WWS resultiert z.T. aus der Konditionenvielfalt, da insbesondere das Subsystem Einkaufskonditionen ständig erweitert wurde, um den wachsenden Anforderungen gerecht zu werden.[119]

---

116 Vgl. Hertel (1992), S. 122f.

117 Die Handelsspanne ist der Unterschiedsbetrag zwischen Einstands- und Verkaufspreisen im Handelsbetrieb. Vgl. hierzu Gabler (1993), S. 1475f.

118 Vgl. zu diesem Abschnitt Hertel (1992), S. 133.

119 Vgl. zur Komplexität Kapitel 2.4 Probleme heutiger Warenwirtschaftssysteme.

Das Konditionensystem tangiert das gesamte WWS vom Einkauf bis zum Verkauf. Somit sollte es so konzipiert sein, daß Änderungen und Erweiterungen durch das bestehende System abgedeckt werden können. Die Konditionen dürfen sicherlich nicht in den Artikelstammdaten gehalten werden, da für mehrere Lieferanten eines Artikels mit unterschiedlichen Konditionen auch entsprechend unterschiedliche Artikel gehalten werden müßten, was aber der Philosophie nach eindeutigen Artikelnummern widersprechen würde. Vielmehr müßten Konditionen in Verbindung mit Lieferanten und Artikeln gehalten werden. Wie die folgende Abbildung 9 verdeutlicht, kann das durch die Beziehung Lieferbedingung realisiert werden. Demnach kann ein Artikel ein oder mehrere Lieferbedingungen und zu jeder Lieferbedingung genau einen Lieferanten haben; umgekehrt gibt es zu jedem Lieferanten eine oder mehrere Lieferbedingungen und zu jeder Lieferbedingung genau einen Artikel.

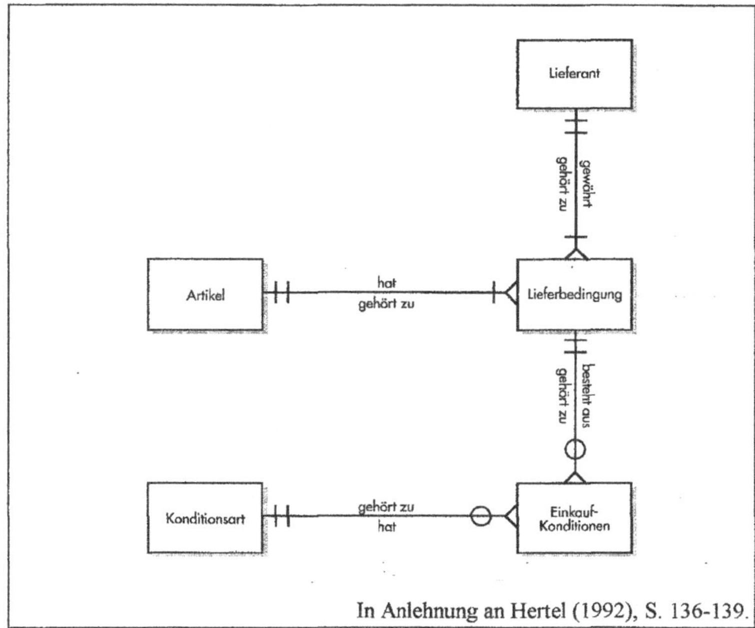

In Anlehnung an Hertel (1992), S. 136-139.

Abbildung 9: Beziehung Lieferant, Lieferbedingung, Artikel, Einkaufskondition und Konditionsart

Die hier dargestellte Lieferbedingung kann null bis mehrere Einkaufskonditionen haben und umgekehrt gehört zu jeder Einkaufskondition genau eine Lieferbedingung.

Die am Anfang dargestellten vielfältigen Einkaufskonditionen[120] können jeweils als eine eigene Einkaufskondition gespeichert werden, und somit für jeden Lieferanten zur Verfügung stehen. Um aber die Einkaufskonditionen nicht zu komplex werden zu lassen, sollte ein Subsystem, in dem die Einkaufskonditionen eines WWS des Handels gepflegt werden, die Möglichkeit bieten Einkaufskonditionen nach einer „Konditionsart"[121] zu gruppieren. Wie aus Abbildung 9 ebenfalls ersichtlich ist, gehört jeder Konditionsart zu null oder mehreren Einkaufskonditionen und umgekehrt hat jede Einkaufskondition genau eine Konditionsart. Dabei kann an dieser Stelle festgelegt werden, ob z.B. eine Konditionsart absolut oder prozentual ist. Die letztendlich resultierende Kondition ergibt sich aus dem Zusammenspiel Artikel, Lieferant und Kondition.

Die unterschiedlichen Konditionsarten können in den entsprechenden Konditionsstammdaten[122] gehalten werden. Ihre Pflege kann im Modul Einkauf durchgeführt werden.

Eine weitere Anforderung an das Subsystem Einkaufskonditionen eines WWS des Handels ist, daß die Möglichkeit bestehen muß, Konditionen auf bestimmte Gruppen, bestimmte operative Einheiten und bestimmte Zeit zu beschränken. Es muß also möglich sein, eine Kondition z.B. nur für eine Warengruppe (Artikel- und Lieferantengruppe wäre auch möglich), in einer (auch mehrere möglich) bestimmten operativen Einheit für den Sommer 1995 (der Zeitraum kann sich auch darauf beschränken, bis eine gewisse Menge oder Betrag geliefert wurde) zu gewähren.[123]

3.4.2.3 Einkaufsbündelung

Eine Einkaufsbündelung ist der gemeinsame Einkauf mehrerer Unternehmen mit dem Ziel günstigere Einkaufskonditionen zu erzielen.[124] Ein WWS des Handels muß die Möglichkeit bieten, Einkaufsbündelungen vornehmen zu können. Dabei ist die Konzeption der operativen Einheiten besonders hilfreich. Eine operative Einheit eines WWS muß in der Lage sein, mit Vergabe von Rechten, für eine andere operative Einheit einkaufen zu können, wie es durch die Mandantenfähigkeit eines WWS bereits weiter oben gefordert wurde.[125] So könnte eine operative Einheit

---

120 Vgl. anfängliche Erläuterungen in diesem Kapitel und Probleme heutiger Warenwirtschaftssysteme in Kapitel 2.4.

121 Vgl. SAP AG (1995), S. „4-17" bis „4-20". Vgl. hierzu auch Hertel (1992) S. 138f., er spricht allerdings von Konditionstypen.

122 Siehe Stammdaten zu Konditionen in Kapitel 3.4.1.5.

123 Vgl. Hertel (1992), S. 140-142.

124 Vgl. Gabler (1993), S. 904 die Ausführungen zu Einkaufsgemeinschaften.

125 Vgl. Kapitel 3.3 Operative Einheiten.

Zentrale für alle operativen Einheiten einkaufen. Die Vorteile einer solchen Einkaufsbündelung können außer bessere Einkaufskonditionen geringere Kapitalbindung, geringere Miete, mehr Umsatz und geringere Kosten sein, wie das Beispiel der Karstadt AG es belegt.[126] Wenn für fremde Unternehmen eingekauft werden soll, z.B. im Rahmen eines Einkaufsverbandes, so müssen diese dem WWS als operative Einheiten definiert werden, damit über die Mandantenfähigkeit auf deren Daten zugegriffen werden kann.[127] Das betrachtete Handelsunternehmen ist für das fremde Unternehmen der Bestell-Lieferant und der Hersteller oder Lieferant, bei dem bestellt wurde, stellt die Lieferung in Rechnung.[128]

3.4.2.4 Wechselwirkung Einkauf und Verkauf

Ein weiterer Vorteil der Konzeption der operativen Einheiten liegt darin, daß die Einkaufskonditionen allen operativen Einheiten zur Verfügung gestellt werden, und somit die Einkaufskonditionen einer Filiale auch der Zentrale oder dem Lager bekannt sind. Bezieht z.B. eine Filiale ihre Artikel von einem Lager, so kann deren Einkaufskondition gleich der Verkaufskondition des Lagers sein, wobei etwaige Aufschläge des Lagers in den Einkaufskonditionen der Filiale enthalten sein müssen. Im Rahmen der Verkaufspreiskalkulation im Funktionsbereich Verkauf wird dieser Aspekt noch weiter erläutert.

3.4.2.5 Bonusabrechnung

„Der Bonus ist ein Preisnachlaß oder eine Gutschrift, der den Abnehmern am Ende einer Abrechnungsperiode gewährt wird, außerdem ist er eine Vergütung für Leistungen oder Bedingungen, die erst nach Lieferung festgestellt werden können, und bezieht sich auf den Gesamtbezug in einer Periode."[129]

Boni können in Form von festgesetzten Vergütungen[130] oder als „Staffelstufen auf den erreichten Lieferantenumsatz definiert werden, die entweder als Festbeträge oder als Prozentsätze angegeben werden"[131]. Der Bonus wird auf Artikel oder auf ganze Sortimente gewährt, wodurch sich die Abnehmer auf bestimmte Lieferanten konzentrieren sollen.[132] Der Lieferantenumsatz muß dazu im WWS fortgeschrie-

---

126 Vgl. Lendzion (1991), S. 36.
127 Vgl. Hertel (1992), S. 142f.
128 Siehe Kapitel 3.4.2.1 Lieferantenverwaltung.
129 Tietz (1993), S. 387f. Vgl. auch SAP AG (1995), S. „5-36"f.
130 Feste Vergütungen sind feste Beträge für einen bestimmten Zeitraum, z.B. 1000 DM pro Monat.
131 SAP AG (1995), S. „5-36".
132 Vgl. Tietz (1993), S. 387-388.

ben werden. Als Basis dienen die, durch die Rechnungsprüfung bestätigten, Rechnungsbeträge des Lieferanten. Bevor allerdings eine Bonusabrechnung in der Lieferung erfolgt, müssen Beträge/Umsätze mit dem Lieferanten abgeglichen werden.[133] Die Verteilung der erzielten Boni muß vom Subsystem Bonusabrechnung eines WWS auf die beteiligten operativen Einheiten entweder absolut oder prozentual vorgenommen werden können. Bei der prozentualen Aufteilung erfolgt eine Aufteilung nach den getätigten Umsätzen einer operativen Einheit.[134]

3.4.2.6 Rechnungsprüfung

Die Aufgabe des Subsystems Rechnungsprüfung ist die eingehenden „Lieferantenrechnungen auf rechnerische Stimmigkeit, Einhaltung der vertraglichen Konditionen und sachliche Übereinstimmung mit Bestell- und Wareneingangsdaten zu überprüfen“[135].

Rechnungen können per Post geschickt oder über EDI gesendet werden. Ein WWS muß diesen Anforderungen Genüge leisten, in dem es einen Rechnungseingang per EDI unterstützt, damit eine Rechnungsprüfung zum einen am Bildschirm erfolgen kann und zum anderen eine automatische Rechnungsprüfung möglich wird.

Ein WWS sollte bei Rechnungen, die nicht per EDI gesendet werden, die Möglichkeit bieten, eine sogenannte „Proforma-Rechnung“[136] zu erstellen, d.h. eine Rechnung über die tatsächlich gelieferten Waren mit den systembekannten Konditionen. Der so ermittelte Rechnungsbetrag wird mit dem tatsächlichen Rechnungsbetrag verglichen, bei Abweichungen von Soll- und Ist-Rechnung wird eine Fehlersuche ausgelöst, wobei die Fehlerfindung jeden Rechnungsposten auf Soll- und Ist-Rechnung vergleicht.[137] Da im Handel ein besonders hohes Aufkommen von Rechnungen vorzufinden ist, sind vor allem im Bereich der Proforma-Rechnungserstellung sogenannte Möglichkeiten der Massendatenpflege besonders hilfreich. Hierbei beschränkt sich eine Bildschirmmaske auf die wesentlichen Angaben, so daß Rechnungen sehr schnell eingegeben werden können.

---

133 Vgl. SAP AG (1995), S. „5-37“.
134 Ebenda.
135 Köckeritz (1991), S. 120.
136 Vgl. Kirchner, Zentes (1984), S. 23-25.
137 Vgl. Leismann (1990), S. 20.

Für ein rechnergestütztes System der Rechnungskontrolle sind folgende Punkte erforderlich:[138]

- die vollständige, systematische Erfassung aller Dispositionen und Konditionen
- eine gezielte, systematische Warenkontrolle beim Wareneingang
- das Erstellen von Proforma-Rechnungen auf der Basis tatsächlicher Lieferungen
- die Überwachung der Reklamationen und Gutschriftenansprüche
- die Einheitlichkeit bei allen Daten, die eine Basis für die Berechnung in der Lieferung bilden

Wie ein Fall aus der Praxis zeigt, können Rechnungsprüfungen und die anschließende Rechnungsbegleichung bis zu einem hohen Grade automatisiert werden. Das Warenwirtschaftssystem EBUSPLUS der Edeka-Markt Minden-Hannover GmbH führt eine Ausziﬀerung und eine anschließende Rechnungsbegleichung zu 75 Prozent automatisch durch, die verbleibenden 25 Prozent müssen auf Mengen- bzw. Preisdifferenzen hin kontrolliert werden.[139]

Wenn Rechnungen ohne Bestellungen vorliegen, z.B. Spesenrechnungen, Wartungsarbeiten o.ä., muß die Rechnungsprüfung eines WWS die Möglichkeit bieten, eine Rechnung zu erfassen, die dann auf Artikel, Sachkonten, Anlagen o.ä. gebucht werden kann.[140]

Außerdem kann der Fall auftreten, daß eine Rechnung bereits vor dem Wareneingang vorliegt. Hierbei kann die Rechnungsprüfung erst nach dem Wareneingang erfolgen.

Die dargestellte Rechnungsprüfung kann, bedingt durch die Mandantenfähigkeit, zentralisiert vorgenommen werden, d.h. eine Zentrale o.ä. übernimmt die Rechnungsprüfung für alle operativen Einheiten.

3.4.3 Verkauf

Da in dieser Arbeit grundsätzlich mehrstufige Handelsunternehmen betrachtet werden, also Großhandel und filialisierender Einzelhandel, muß ein WWS für diese Unternehmen im Funktionsbereich Verkauf sowohl die Auftragsabwicklung als auch die Fakturierung berücksichtigen. Auf der einen Seite gibt es den Point-of-

---

138 Vgl. Kirchner, Zentes (1984), S. 21-23.
139 Vgl. Hohe Sortimentstransparenz (1992), S. 28.
140 Vgl. SAP AG (1995), S. „5-30“ bis „5-32“.

Sale[141] (POS) im Einzelhandel mit einer hohen Anzahl an anonymen Kunden und auf der anderen Seite steht der Großhandel mit einer direkten Kunden-Verkäuferbeziehung. Es verstärken sich jedoch die Bemühungen im filialisierenden Einzelhandel zu einer stärkeren Kundenbindung, z.B. durch Kundenkarten, zielgruppenorientierte Verkaufsaktionen und spezielle Marktanalysen.[142]

Ein WWS muß also die Anforderungen für den mehrstufigen Handel erfüllen, d.h. im Bereich Verkauf sowohl den Verkauf über Aufträge und den daraus resultierenden Rechnungen, als auch den direkten Verkauf mit der Zahlungsabwicklung am POS ermöglichen. Für eine Abwicklung am POS muß die Anbindung von Kassensystemen über Schnittstellen gewährleistet sein.[143]

Außerdem sind Tätigkeiten im Rahmen der Verkaufsabwicklung, wie Sortimentsgestaltung, Etikettierung, Verkaufspreiskalkulation und Aktionen vom Modul Verkauf eines WWS zu unterstützen. Die wesentlichen Aufgaben und die Einordnung des Verkaufs in ein Warenwirtschaftssystem stellt die folgende Abbildung 10 dar.

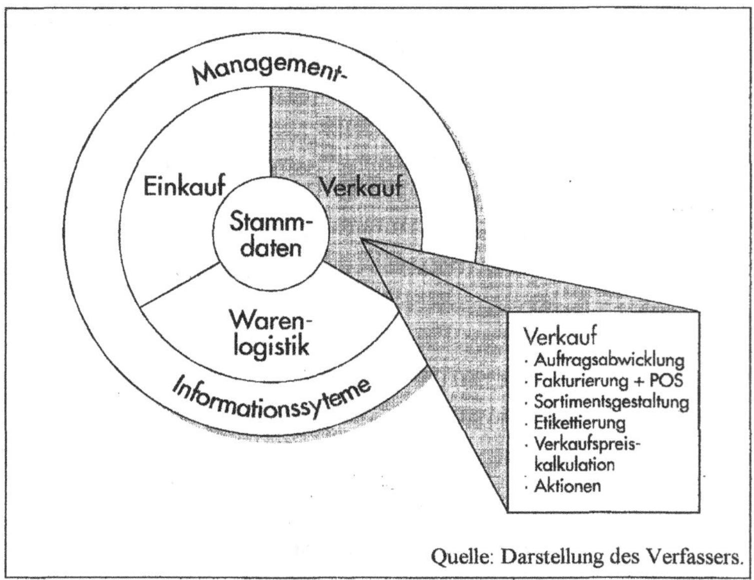

Quelle: Darstellung des Verfassers.

Abbildung 10: Verkauf als Teil des Warenwirtschaftssystems

Zum Funktionsbereich Verkauf sind Schnittstellen sowohl zum Einkauf als auch zur Warenlogistik zu realisieren, da beispielsweise zum einen die Einkaufskonditio-

141 Der Point-of-Sale ist der Ort des Verkaufs. Vgl. hierzu Gabler (1993), S. 2602.

142 Vgl. Zentes, Exner, Braune-Krickau (1989), S. 101-111.

143 Siehe Kassensysteme als Anbindung externer Subsysteme im Kapitel 3.5.4.

nen für die Verkaufspreiskalkulation zur Verfügung gestellt werden müssen, und zum anderen die Bestandsführung der Warenlogistik von Interesse ist. Desweiteren müssen alle getätigten Verkäufe an die Kostenrechnung und die Finanzbuchhaltung weitergeleitet werden.

3.4.3.1 Auftragsabwicklung

Die Auftragsabwicklung ist vor allem im Groß- und Versandhandelsbereich vorzufinden und enthält die Schritte: Angebotserstellung mit Plausibilitätsprüfungen, Auftragsreservierungen, Rückstandsverwaltung, Terminierung der Warenauslieferung, Preisfindung, Richtscheinerstellung zur Kommissionierung, Druck von Warenbegleitpapieren, Fakturierung, Gutschriften/Stornos und Provisionsabrechnung.[144]

Ein WWS sollte außerdem die Eingabe von Angeboten und deren Verwaltung ermöglichen, auch wenn sie im Handel den Ausnahmefall darstellen. Die Plausibilitätsprüfung sollte das Angebot auf mögliche Fehler untersuchen. Der Artikelstamm, der Kundenstamm und die Stammdaten zu Konditionen sollten zur Vereinfachung der Eingabe herangezogen werden. Wenn das Angebot angenommen wird, wird es mit den gewünschten Änderungen zum Auftrag. Alle Angebote im System sind offenstehende Verkaufsabschlüsse, die sich im Auftragspool des Verkaufs befinden müssen.[145]

3.4.3.2 Fakturierung und Rechnungsstellung am POS

Die Fakturierung beinhaltet die Rechnungsschreibung, in der alle Posten und deren Konditionen, die ein Kunde empfangen hat, enthalten sind. Die Kundendaten und die Artikeldaten müssen über Nummern oder Matchcode aufrufbar sein, um somit die Erstellung einer Rechnung zu erleichtern.[146] Die Faktura stellt sich allerdings wesentlich einfacher dar, wenn sie aus Vorgängerbelegen, wie z.B. dem Auftrag, fakturarelevante Mengen und Preise übernehmen kann.[147]

Ein WWS muß außerdem die Möglichkeit einer Verkaufsabwicklung ohne Rechnungsstellung ermöglichen. Filialen eines mehrstufigen Handelsbetriebes wickeln Verkäufe direkt an der Kasse ab, und nicht erst später durch Rechnungsstellung.[148]

---

144 Vgl. Leismann (1990), S. 21.
145 Vgl. vorangegangenen Abschnitt zur Angebotsverwaltung mit Scheer (1994), S. 449-451.
146 Marktspiegel (1990), S. 56.
147 Vgl. SAP AG (1995), S. „7-11".
148 Vgl. Marktspiegel (1990), S. 56.

Die Rechnung stellt in diesem Fall der von der Kasse ausgedruckte Bon, der nicht unbedingt sehr unterschiedlich zur Rechnung sein muß, dar. Die Verkaufsabwicklung am POS erfolgt durch die Anbindung von Kassensystemen, wofür ein WWS des Handels entsprechende Schnittstellen bieten muß. Eine genauere Betrachtung der Anbindung eines solchen externen Subsystems erfolgt im Kapitel 3.5.4.

Um den Gedanken der operativen Einheiten wieder aufzugreifen, kann die Fakturierung zum einen die Rechnungsstellung eines Großhändlers oder zum anderen die Kassenabwicklung einer Filiale sein. Bei der letztgenannten Alternative entfällt, im Gegensatz zur „eigentlichen" Fakturierung, die Rechnungsversendung.

Desweiteren muß ein WWS des Handels den Verkäufer mit Informationen, wie Verfügbarkeit und Preis eines Artikels, versorgen, um einerseits Kundenanfragen befriedigen zu können und um andererseits die Fakturierung durchzuführen. Die Auskunft nach Preisen wird vor allem bei Telefonverkäufen vorkommen, da dort ein Preis nicht durch Regaletiketten o.ä. ersichtlich ist.[149]

3.4.3.3 Sortimentsgestaltung

Die Sortimentsgestaltung und deren Optimierung, auch Sortimentspolitik genannt, gehören zu den zentralen Aufgaben der Leistungsprogrammpolitik eines Handelsunternehmens. Die Sortimentspolitik ist die Entscheidung des Handelsmanagement über die Zusammenstellung des Sortimentes, welches wiederum von den Zielsystemen im Handel abhängig ist.[150] „Die Ziele der Sortimentspolitik bestehen primär darin, das Warenangebot so zu gestalten, daß es in Breite und Tiefe ausreicht, um die geplanten Umsätze oder Gewinne zu erreichen."[151]

Das Subsystem Sortimentsgestaltung eines WWS beinhaltet die Definition von Sortimenten und die Unterstützung, vor allem Entscheidungsunterstützung, bei Listung und Auslistung[152] von Artikeln.[153] Der zweite Bereich, die Sortimentsoptimierung, soll hier nur ansatzweise erläutert werden, da er im Kapitel zu Management-Informationssysteme näher betrachtet wird. Für eine zielgruppen- und standortorientierte Sortimentsoptimierung sind Simulations- und Expertensysteme er-

149 Vgl. Marktspiegel (1990), S. 57.
150 Vgl. Gabler (1993), S. 3003f.
151 Tietz (1993), S. 333.
152 Während die Listung die Aufnahme eines Artikels in ein Sortiment bedeutet, ist die Auslistung das Herausnehmen eines Artikels aus einem Sortiment.
153 Vgl. Hertel (1992), S. 149-153.

forderlich, die Daten auswerten und aufbereiten, um sie dem Management zur Verfügung zu stellen.[154]

Ein Sortiment definiert die gedankliche Auswahl und Kombination jener Objekte, die ein Unternehmen am Markt, mit seinen Käufern und Konkurrenten, anbietet.[155] Bezogen auf das hier dargestellte WWS ist ein Sortiment eine Gruppe von Artikeln, die eine operative Einheit ihren Abnehmern oder auch bestimmten Abnehmergruppen zum Kauf anbietet.[156] Es ist somit nicht nur die Filiale, die dem Endverbraucher ein Sortiment anbietet, sondern auch ein Lager oder eine Filiale, die externen Abnehmern Ware anbietet, die wiederum von ihnen weiterverkauft werden kann. Die folgende Abbildung zeigt eine Gegenüberstellung der Sortimentsgestaltung bei herkömmlichen Systemen, eine Zentrale steuert die Sortimente für ihre Filialen, und die Organisation nach der Konzeption der operativen Einheiten, bei der eine operative Einheit einem Abnehmer ein Sortiment anbietet.

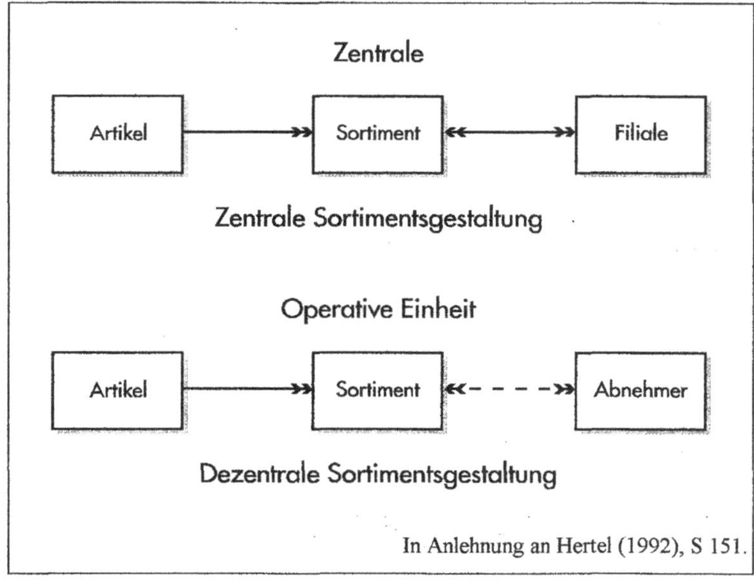

Abbildung 11: Struktur der Sortimentszuordnung in herkömmlichen Warenwirtschaftssystemen und bei der Konzeption der operativen Einheiten

154 Vgl. Hertel (1992), S. 150.
155 Vgl. Barth (1993), S. 153.
156 Vgl. Hertel (1992), S. 150.

Ein Sortiment bildet sich aus der Zuordnung von Artikeln zu Abnehmern, dem sogenannten Sortimentskatalog. Im herkömmlichen Sinne wird zwischen Lager-Ordersatz[157] und Strecken-Ordersatz[158] unterschieden, so daß die Konzeption der operativen Einheiten in diesem Bereich eine Vereinheitlichung und auch eine Vereinfachung darstellt.[159]

Inwieweit die Möglichkeit der dezentralen Sortimentsgestaltung genutzt wird, hängt von der Organisation der Unternehmen ab. Mit dieser Lösung kann die dezentrale und die zentrale Sortimentsgestaltung, die sicherlich den Regelfall darstellt, vorgenommen werden.[160]

3.4.3.4 Etikettierung

Bei einer Hersteller- bzw. Lieferantenvorauszeichnung entfällt der gesamte Aufwand der Auszeichnung.[161] Eine strategische Zielsetzung sollte von daher grundsätzlich die Lieferantenvorauszeichnung, möglichst mit der genormten Europäischen Artikel-Nummer (EAN) und in Verbindung mit der Strichcodierung, sein, denn dadurch kann eine einheitliche und rationelle Technik genutzt werden.[162] „Erfolgt ein Verzicht der Einzelpreisauszeichnung der Artikel, findet eine Informationsverlagerung vom Kunden zum Einzelhandel statt."[163]

Die Preisauszeichnung im „klassischen" Sinne wird an Bedeutung verlieren, wenn der Handel verstärkt die Regaletikettierung einsetzt.[164] Da bei dieser Ausarbeitung die Anforderungen an WWS dargestellt werden, wird eine Preisauszeichnung nicht weiter erläutert. Es wird davon ausgegangen, daß in Zukunft nur noch eine Regaletikettierung vorgenommen wird, wobei es sicherlich Ausnahmen gibt, wie es das Beispiel des Baumarktes Zapf KG zeigt. Bei Zapf werden alle Artikel mit Preisen ausgezeichnet, auch wenn sie schon über einen Strichcode vom Hersteller verfügen. Liegt überhaupt keine Auszeichnung vor, werden sie mit strichcodierter Artikelnummer und Preis versehen. Dieser zusätzliche Aufwand der Auszeichnung

---

157 Unter dem Lager-Ordersatz versteht man die Menge aller Artikel, die eine Filiale beim Lager bestellen kann.

158 Unter dem Strecken-Ordersatz versteht man die Menge aller Artikel, die eine Filiale bei all ihren Streckenlieferanten, also per Direktanlieferung, bestellen kann.

159 Vgl. Hertel (1992), S. 151f.

160 Vgl. Freiheitsgrade der operativen Einheiten im Kapitel 3.3.

161 Vgl. Köckeritz (1991), S. 98.

162 Vgl. Köckeritz (1991), S. 98f.

163 Vgl. Fischer (1992), S. 169.

164 Vgl. Leismann (1990), S. 17f.

wird mit dem Service am Kunden begründet, da aus einem Strichcode für den Kunden kein Preis ersichtlich ist.[165]

Bei der Regaletikettierung erfolgt die Preisauszeichnung lediglich in Form von Regaletiketten, d.h. Etiketten die am Regal oder in ähnlicher Form angebracht werden. Die Regaletiketten werden bei Preisänderungen im System, z.B. nach Aktionen, automatisch gedruckt.[166] Wenn vergessen wird diese Änderungen an die Regale anzubringen, sind im WWS trotzdem die aktuellen Preise gespeichert und Erlösschmälerungen können vermieden werden.[167]

Zur weiteren Rationalisierung kann die zeitaufwendige und kontrollintensive Aktualisierung der Regaletiketten durch elektronische Steuerung ersetzt werden. Dazu werden die üblichen Preisschilder durch computergestützte „Displays“ mit Flüssigkeits-Kristall-Anzeigen ersetzt, so daß Preisänderungen im WWS gleichzeitig zu einer Aktualisierung der entsprechenden Artikel-Preisanzeige führen.[168]

3.4.3.5 Verkaufspreiskalkulation

Die Verkaufspreiskalkulation ist die Preisfindung und -setzung. Im Teilbereich Verkaufspreiskalkulation des Moduls Verkauf eines WWS müssen Preise nach verschiedenen Kriterien ermittelbar sein. In der Literatur unterscheidet man drei Preissetzungskonzepte:[169]

- **Kosten- oder Kalkulationskonzept**
  Der Preis wird durch den Gewinnaufschlag auf die Kosten ermittelt.
- **Markt- oder Konkurrenzkonzept**
  Der Preis wird entweder in Beziehung zur saisonalen Nachfrage oder zu Konkurrenzpreisen gesetzt.
- **Kombination beider Konzepte**

Das WWS muß alle drei Varianten in entsprechender Form abdecken, d.h. sowohl die Ermittlung über Kosten, als auch eine willkürliche Festsetzung, bei der eine Orientierung am Markt stattfindet.

Wie bei den Einkaufskonditionen zum Einkauf bereits angedeutet wurde, kann in der Verkaufspreiskalkulation eine besondere Vereinfachung, durch die Konzeption

---

165 Vgl. Am POO so schnell und gut wie am POS (1990), S. 74.
166 Vgl. Hohe Sortimentstransparenz (1992), S. 28.
167 Vgl. Am POO so schnell und gut wie am POS (1990), S. 74.
168 Vgl. Köckeritz (1991), S. 106.
169 Vgl. Tietz (1993), S. 371.

der operativen Einheiten, genutzt werden.[170] Die Einkaufskonditionen stehen allen operativen Einheiten zur Verfügung, d.h. Zentrale, Zentrallager, Regionallager und Filiale. Wenn eine Filiale einen Lagerartikel von einem Lager bezieht, so sind die Einkaufskonditionen der Filiale gleich den Verkaufskonditionen des Lagers, d.h. sie können in vollständiger Analogie gestaltet werden. Der typische Fall der Verkaufpreiskalkulation ist allerdings der Verkauf der Ware an Endverbraucher, jedoch ist durch das Konzept der operativen Einheiten auch die Gestaltung eines Lagerabgabepreis ohne besonderen Mehraufwand möglich.[171] Das Zusammenwirken der operativen Einheiten zeigt die folgende Abbildung.

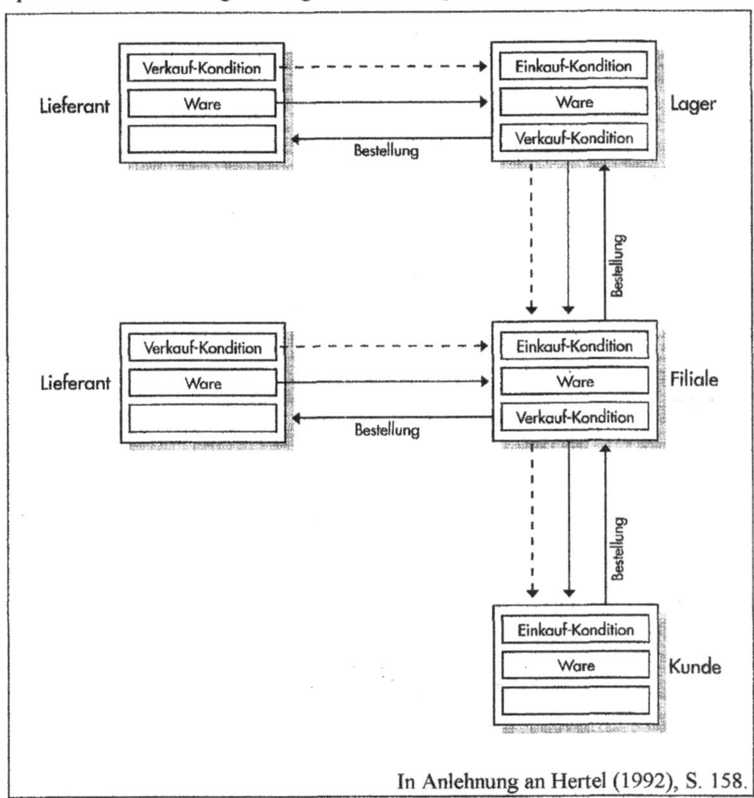

In Anlehnung an Hertel (1992), S. 158.

Abbildung 12: Wechselwirkung von Einkaufs- und Verkaufskonditionen zwischen den operativen Einheiten unter Einbeziehung des Kunden

170 Vgl. Kapitel 3.4.2.2 Einkaufskonditionen.

171 Vgl. Hertel (1992), S. 155-157.

Die Abbildung 12 zeigt zudem, daß das Verkaufskonditionensystem eines WWS in allen operativen Einheiten gleich dem Einkaufskonditionensystem ist, wobei solche Konditionen in Stammdaten gehalten werden.

Außerdem wird die Wechselwirkung zwischen Lieferant, Lager, Filiale und Kunde deutlich. Der hier erwähnte Kunde kann sowohl Endverbraucher als auch Franchise-Nehmer o.ä. sein und das aufgeführte Lager kann ein „echtes“ oder ein „virtuelles“ Lager, wenn der Lieferant ein Streckenlieferant ist, sein.[172]

Somit zeigt sich, daß die Konzeption der operativen Einheiten eine erhebliche Erleichterung darstellt, und in Warenwirtschaftssystemen in dieser oder ähnlicher Form realisiert sein sollte, um ein solches Vereinfachungspotential zu nutzen.

3.4.3.6 Aktionen

Die Aktion ist eine Verkaufsförderung, bei der die geläufigen Produktpreise für einen bestimmten Zeitraum augenfällig reduziert werden und eine entsprechende Herausstellung auf der Verpackung oder durch Displays erfolgt. Es wird unterschieden zwischen einer im Preis reduzierten Verpackungeinheit und zwei oder mehreren zusammengefaßten Verpackungseinheiten, bzw. eine größere Verpakkungseinheit, zu einem sichtlich besseren Mengen-/Preis-Verhältnis.[173]

Das Ziel einer solchen Aktionspreispolitik kann einerseits die Dokumentation der Leistungsfähigkeit und andererseits die zeitweise oder dauerhafte Erhöhung der Frequenz sein.[174]

Die Sonderpreisaktionen bzw. Sonderangebote oder Sonderaktionen sollten in einem WWS ein eigenständiges Subsystem darstellen. Die Planung, Durchführung und Auswertung von Sonderangebotsmaßnahmen, über die Groß- und Einzelhandelsstufe hinweg, sollte sich wie folgt gliedern:[175]

- Zentrale informiert die Filiale über geplante Aktion
- Bedarfsmeldung der Filialen an die Zentrale
- Verdichtung und Korrektur der Bestellungen durch die Zentralen
- Zentrale bestellt die erforderlichen Mengen bei einem Lieferanten
- Ware wird auf Lägern bis zur Auslieferung zwischengelagert
- Auslieferung der Ware an die Filialen kurz vor Aktionsbeginn

172 Vgl. Hertel (1992), S. 157-159.
173 Vgl. Gabler (1993), S. 2996.
174 Vgl. Tietz (1993), S. 370f.
175 Vgl. Hertel (1992), S. 159.

Eine Aktion kann auch durch Streckengeschäft oder Zentralzuteilungen abgewikkelt werden, oder es können Bestellungen bereits von Lieferanten für die Filialen vorkommissioniert sein.

Die Bereiche der Aktionsplanung und -auswertung können dem Management-Informationssystem zugerechnet werden, da dort entsprechende Analyse- und Aufbereitungsverfahren zur Verfügung stehen. Die Behandlung findet in einem späteren Kapitel zu Management-Informationssystemen statt, jedoch kann an dieser Stelle schon angemerkt werden, daß ein WWS hierfür die entsprechenden Mengen und Preise liefern muß.

3.4.4 Warenlogistik

Die Warenlogistik umfaßt das gesamte Warengeschäft von der Disposition, über Wareneingang und Lagerverwaltung bis zum Warenausgang, sowie den Bereich der Inventur. Sie stellt das Bindeglied zwischen Einkauf und Verkauf dar,[176] wie Abbildung 13 verdeutlicht.

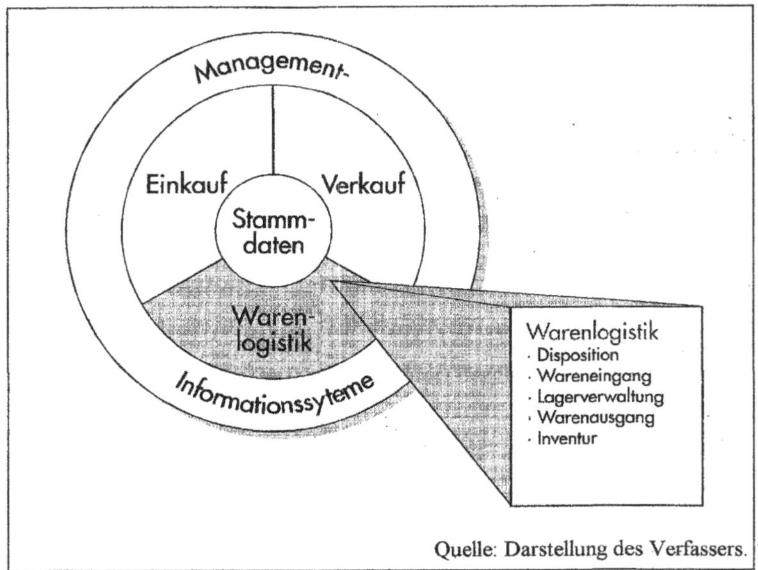

Quelle: Darstellung des Verfassers.

Abbildung 13: Warenlogistik als Teil des Warenwirtschaftssystems

176 Vgl. SAP (1995), S. „6-1".

Die Warenlogistik hat zum Ziel „immer nur soviel von der richtigen Ware am Lager zu haben, daß Vorrat, Abverkauf und Wiederbeschaffungszeit in Balance stehen“[177].

Die Aufgaben der Logistik sind nach Leismann die Beschaffungslogistik (Material- und Warenversorgung), innerbetriebliche Logistik (Lagerung, innerbetriebliche Güterbewegungen) und Absatzlogistik (Distribution),[178] wobei die Absatzlogistik in der hier vorgenommenen Betrachtung mit dem Warenausgang endet.

Die wesentliche Aufgabe der Warenlogistik ist jedoch die Bestandsführung. Beim Wareneingang werden angelieferte Waren zu den Beständen gebucht, die Lagerverwaltung nimmt etwaige Korrekturen vor, wenn Waren beim Einlagern beschädigt werden, der Warenausgang reduziert die Bestände und die Inventur korrigiert die Bestände entsprechend der Inventur. Somit wird die Bestandsführung nicht als separater Teil eines WWS betrachtet, vielmehr muß ein WWS die Bestandsführung in den vier aufgezeigten Subsystemen ermöglichen. Die Bestandsführung erfolgt in der jeweiligen Warenwirtschaftseinheit, d.h. auf Zentrallager-, Verbund-/Regionallager- bzw. auf Filialebene.[179] Auch hier ist die Konzeption der operativen Einheiten besonders hilfreich, da das Modul Warenlogistik allen operativen Einheiten zur Verfügung gestellt wird, und somit von ihnen auch die Bestandsführung vorgenommen werden kann. Die folgende Abbildung zeigt, wie man durch die operativen Einheiten zu einer einheitlichen Struktur über mehrere Stufen des Handels im Warenlogistikbereich kommt.

177 Conradi (1989), S. 4.
178 Vgl. Leismann (1990), S. 21.
179 Vgl. Köckeritz (1991), S. 102.

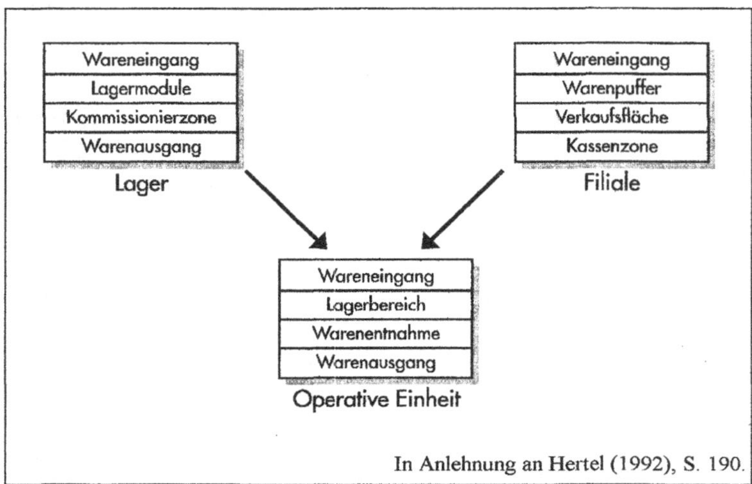

In Anlehnung an Hertel (1992), S. 190.

Abbildung 14: Einheitliche Warenlogistikstruktur in verschiedenen operativen Einheiten

3.4.4.1 Disposition

Die Zielsetzung der Disposition ist es, den richtigen Artikel, zur richtigen Zeit, in der benötigten Menge, möglichst kostengünstig, am richtigen Ort zur Verfügung zu stellen.[180]

Die Aufgaben der Disposition bzw. des Bestellwesens charakterisieren Sova und Piper wie folgt:[181]

- Angebote von Lieferanten einholen,
- Sortimente bestimmen,
- Konditionen und Versand- und Lieferbedingungen mit Lieferanten vereinbaren,
- Einkaufsmenge bestimmen,
- Ware vorbestellen und/oder
- Waren disponieren.

180 Vgl. Köckeritz (1991), S. 108-112,
181 Vgl. Sova, Piper (1985), S. 94-106.

Die Konditionenverhandlungen, wie z.B. Angebote und Versand- und Lieferbedingungen, wurden in der vorliegenden Betrachtung bereits im Funktionsbereich Einkauf dargestellt. Die Behandlung der Sortimentsbestimmung erfolgte in der Sortimentsverwaltung des Funktionsbereiches Verkauf.

Sova und Piper halten eine derartig weitgehende Automatisierung der Disposition für denkbar, daß sich die Disposition auf die Kontrolle maschineller Bestellvorschläge beschränkt und sich auf Ausnahmen, Sonderangebote usw. konzentriert.[182]

Andere Autoren sehen als Aufgabe der Disposition:[183]

- Führen von Artikeldateien,
- mengenmäßigen Absatzprognosen und
- Ermittlung der Bestellzeitpunkte und -mengen, die durch den Disponenten kontrolliert werden müssen

Die Aufgabenbeschreibung von Kirchner und Zentes verdeutlicht ebenfalls, daß der Disposition keine einheitliche Aufgabenbeschreibung zugrundeliegt:[184]

- Erfassung der Bestellmengen bzw. Warenanforderungen der Kunden, Partner, Filialen
- Disposition (Initialdisposition, Nach- oder Ersatzdisposition)
- Limitrechnung
- Bestellschreibung (erfolgt bei CWWS vollautomatisch)
- Lieferantenselektion
- Distributionsoptimierung

Die folgende Abbildung stellt den Datenfluß der Disposition grafisch dar. Einerseits wird der Zugriff auf die Stammdaten der Lieferanten und der Artikel deutlich und andererseits ist der ermittelte Vorschlag vom System, der vom Disponenten akzeptiert oder korrigiert werden muß, zu erkennen.

182 Vgl. Sova, Piper (1985), S. 101.
183 Vgl. Ebert (1986), S. 127-130.
184 Vgl. Kirchner, Zentes (1984), S. 31-34.

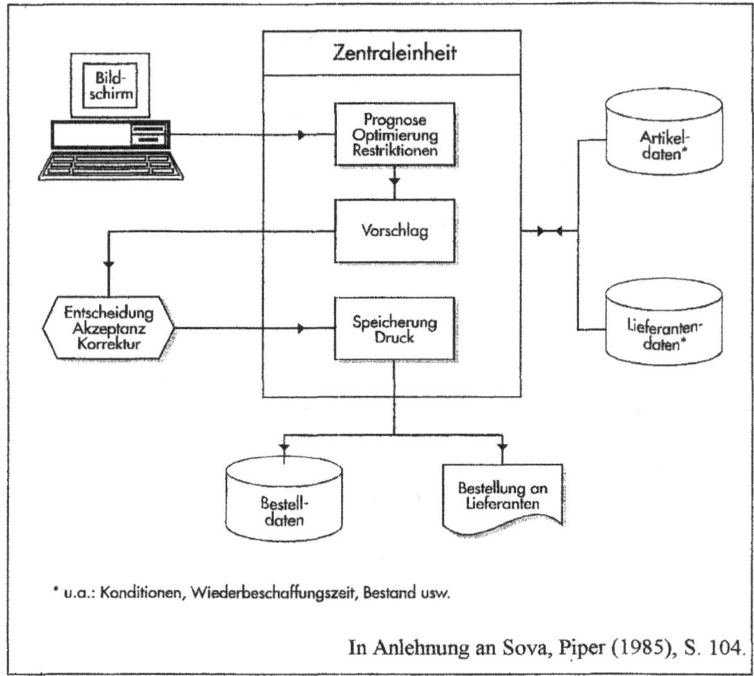

In Anlehnung an Sova, Piper (1985), S. 104.

Abbildung 15: Datenfluß in der Disposition

Insgesamt kommen der Disposition, bei der hier vorgenommenen Betrachtung, die Aufgaben der Prognose, der Bestellpunktrechnung, der Bestellmengenrechnung, der Bestellauslösung und der Bestellübermittlung zu.

Die Disposition kann von jeder operativen Einheit, bei jeder operativen Einheit oder bei jedem Lieferanten vorgenommen werden und zusätzlich kann eine operative Einheit für andere operative Einheiten die Disposition durchführen.[185]

Das Ziel der Disposition muß es sein, die der zukünftigen Kundennachfrage nach einem Artikel entsprechende Menge zu ermitteln, wobei sie unter dem Zielkonflikt der Minimierung von Bestellkosten und Kapitalbindung einerseits, und maximaler Verkaufsbereitschaft andererseits, steht.[186]

Die Voraussetzung für die optimale Disposition sind gute Prognosen, wobei man zwischen manueller, automatischer und halbautomatischer Disposition unterschei-

185 Vgl. Erläuterung Mandantenfähigkeit der operativen Einheiten in Kapitel 3.3 und Hertel (1992), S. 165f.

186 Vgl. Leismann (1990), S. 19.

det, je nach Rechnerunterstützung bei der Ermittlung von Prognosen.[187] Bei der automatischen Disposition bzw. Bestellung wird aufgrund von Prognosen, entweder zu äquidistanten Zeitpunkten (Bestellrhythmusverfahren) oder wenn der Bestand des betreffenden Artikels unter eine bestimmte Mindestmenge sinkt (Bestellpunktverfahren), eine Bestellung durch das EDV-System ausgelöst.[188]

Die Mindestmenge bzw. der Mindestbestand ist der minimale Lagerbestand einer Ware, der nicht unterschritten werden darf; der Meldebestand hingegen errechnet sich aus dem Mindestbestand, zuzüglich dem voraussichtlichen Verbrauch einer Ware, der zwischen der Bestellung und dem Lagerzugang anfällt.[189]

Das Bestellpunktverfahren basiert auf dem Meldebestand, bei deren Erreichen der Dispositionsvorgang systemmäßig eingeleitet wird.[190] Die Besonderheit an diesem Verfahren ist die Konstanz der Bestellmenge, es eignet sich nur für solche Sortimente, die einen kontinuierlichen Abverkauf erwarten lassen.[191] Sind auf der einen Seite der Meldebestand und die Bestellmenge konstant, so können Bestellzeitpunkte variabel sein, d.h. sie hängen von den veränderlichen tatsächlichen Nachfrageentwicklungen ab.[192]

Ein grundsätzlich anderes Verfahren, was ebenfalls von einem WWS des Handels unterstützt werden muß, ist das Bestellrhythmusverfahren. In fest definierten Rhythmen erfolgt die Disposition des jeweiligen Sortimentes. Aufgrund der systemmäßigen Unterstützung liegen alle für dieses Verfahren benötigten Informationen, wie Bestand, Absatz der vergangenen Periode, Auftragsrückstand und geplanter Absatz der zu disponierenden Periode, vor. Diese Form der Disposition erscheint, aufgrund der präzisen Systemunterstützung und der Vielfältigkeit der Sortimente, in Großbetrieben als das geeignete Verfahren.[193] Für Einmalsortimente, wie z.B. in der Modebranche, eignen sich weder Bestellpunkt- noch Bestellrhythmusverfahren, es müssen zu einem definierten Zeitpunkt die Gesamtdispositionsmengen der Filialen vorliegen.[194]

Die Bestelloptimierung stellt ein wertvolles Instrument zur Entscheidungsunterstützung für das Einkaufsmanagement bzw. für die Disposition dar. Ein Prognosesystem sollte bei der Ermittlung von Bestellungen mathematische Verfahren anwenden, die Einflüsse wie Trend, Saison, Kalendersaisonalität (z.B. Ostern, Weih-

---

187 Vgl. Leismann (1990), S. 19.
188 Vgl. Barth (1993), S. 288.
189 Vgl. Marktspiegel (1990), S. 31.
190 Vgl. Barth (1993), S. 313.
191 Vgl. Köckeritz (1991), S. 111.
192 Vgl. Barth (1993), S. 313-315.
193 Vgl. Köckeritz (1991), S. 112.
194 Ebenda.

nachten usw.) und auch Besonderheiten der Abverkaufszahlen, durch vorgenommene Marketingaktivitäten, berücksichtigen.[195]

Eine Variante der automatischen Dispositionsverfahren stellt das Bestellvorschlagssystem dar, bei dem der Disponent die endgültige Entscheidung anhand einer vom System erstellten Vorschlagsliste fällt.[196]

Nicht nur bei der Ermittlung von Zeitpunkten und Mengen kann ein WWS dem Disponenten erhebliche Unterstützungen liefern. Die Mindestbestandsermittlung ist, gerade bei vielen Artikeln, eine hohe Herausforderung an den Disponenten, so daß hier eine Unterstützung vom WWS besonders hilfreich bzw. fast unabdingbar ist.[197]

Eine weitere Möglichkeit, die ein WWS des Handels dem Disponenten bieten sollte, ist die Verwaltung von Substitutionsartikel, d.h. für einen nicht lieferbaren Artikel wird dem Benutzer vom System ein oder mehrere Ersatzartikel zur Disposition vorgeschlagen. Hierbei können im Artikelstamm, soweit sie vorhanden sind, Substitutionsartikel zu jedem Artikel gehalten werden. Außerdem sollte der Disponent beim Bestellstatus, bei der Kreditlinienprüfung und bei Bestellmahnlisten vom System unterstützt werden. Die Kreditlinienprüfung beinhaltet die Überprüfung einer Kreditlinie bei einem Lieferanten, d.h. es wird vom Lieferant nur ein gewisser Kredit gewährt, sollte dieser erreicht sein, werden alle weiteren Lieferungen verzögert, bis entsprechende Zahlungen erfolgen. Der Bestellstatus zeigt dem Disponenten den Zustand einer Bestellung, z.B. offen, unterwegs, abholbereit, an. Dessen Pflege sollte in der Disposition vorgenommen werden, damit nachfolgende Funktionsbereiche, z.B. Verkauf, über den Verlauf der Bestellung informiert sind. Die Bestellmahnlisten können aufgrund nicht eingehaltener Liefertermine o.ä. erstellt werden, wobei ein WWS entweder auf Anfrage oder in bestimmten Intervallen diese dem Disponenten zur Verfügung stellen muß.[198]

Nach Abschluß der Disposition wird eine Bestellschreibung initiiert, d.h. sie sollte automatisch angestoßen werden, und für eine spätere Wareneingangskontrolle im System gespeichert bleiben.[199] Vom System sollte der günstigste Lieferant und der optimale Distributionsweg vorgeschlagen werden, die endgültige Auswahl sollte vom Disponenten erfolgen.

---

195 Vgl. Hertel (1992), S. 167-170.
196 Vgl. Barth (1993), S. 288.
197 Vgl. Marktspiegel (1990), S. 32.
198 Vgl. vorangegangenen Abschnitt mit Marktspiegel (1990), S. 37.
199 Vgl. Leismann (1990), S. 19.

Auf eine nähere Betrachtung der Bestellschreibung wird verzichtet, da sie, wie oben bereits angemerkt, automatisch erfolgen sollte. Die Versendung kann per Post, sollte aber über Datenfernübertragung (DFÜ) abgewickelt werden, um einen papierlosen Schriftverkehr zu ermöglichen.

Ein weiterer Aspekt, der in heutigen WWS kaum Berücksichtigung findet, ist die Just-in-time-Belieferung. Während die Industrie, im speziellen die Automobilindustrie, die Just-in-time-Belieferung von den Zulieferern als selbstverständliche Arbeitsteilung praktiziert, zögert der Einzelhandel bislang noch mit der Erschließung dieser Erfolgspotentiale, so daß folgende Vorteile ungenutzt bleiben:[200]

- Liquiditätsgewinne durch Erhöhung der Lagerumschlagsgeschwindigkeit
- Rationalisierungspotentiale in der Distributionsabwicklung
- permanente aktuelle Artikelpräsenz
- schnellere Beurteilung von Produktinnovationen

Die Voraussetzung für die Realisierung von Just-in-time-Belieferungen im Handel wurde durch den SEDAS-Daten-Service und den damit ermöglichten Just-in-time-Bestellungen, von der CCG geschaffen.[201] In Zukunft wird es unabdingbar sein, solch eine Just-in-time-Belieferung durchzuführen, um am Markt bestehen zu können.

3.4.4.2 Wareneingang

Der Wareneingang ist, sogar mit artikelgenauer Wareneingangserfassung, das wohl am weitesten entwickelte Subsystem der Warenwirtschaft, soweit sie von Handelsunternehmen realisiert wurde.[202]

Die verschiedenen operativen Einheiten sollten keine Besonderheiten in den Wareneingängen aufweisen und auch die Art der Belieferung (Strecken- oder Lagerbelieferung), sollte keine wesentlichen Unterschiede in der Abwicklung des Wareneingangs bewirken.

Die Aufgaben des Wareneingangs sind nach Kirchner und Zentes die artikelspezifische Wareneingangserfassung und die Rechnungskontrolle.[203] Die Rechnungskontrolle wurde allerdings schon im Einkauf behandelt, da sie zum informatorischen Warenfluß gehört[204] und somit bei der Behandlung des physischen Warenflusses

---

200 Vgl. Schulte, Simmet (1990), S. 23.
201 Vgl. Olbrich (1994), S. 134f.
202 Vgl. Zentes, Exner, Braune-Krickau (1989), S. 268-271.
203 Vgl. Kirchner; Zentes (1984), S. 21-25.
204 Siehe Begründung der Einteilung der Funktionsbereiche am Anfang von Kapitel 3.4.

deplaziert wäre. Kirchner und Zentes sehen zum einen den Abgleich zur Bestellung und den damit verbundenen Fehlermeldungen und zum anderen die Lagerbewertung und Bestandsführung als Aufgaben der artikelspezifischen Wareneingangserfassung.

Leismann, die Kirchner und Zentes in dieser Thematik zitiert, läßt jedoch die eigentliche Rechnungskontrolle beim Wareneingang außen vor, sieht aber ebenfalls die artikelspezifische Wareneingangserfassung als zentrale Aufgabe des Wareneingangs.[205] Weiterhin ist der Wareneingang bzw. die Wareneingangskontrolle für die Feststellung der mengen- und qualitätsmäßigen Richtigkeit der Lieferungen, für die Schaffung der Grundlage für eine richtige und vollständige Erfassung aller Warenbewegungen für die Fakturierung zuständig. Außerdem ist sie für die Bildung der Voraussetzungen, um noch nicht beglichener Verbindlichkeiten aus Warenlieferungen und dem Sollstand feststellen zu können, verantwortlich.[206]

Als weitere Aufgabe des Wareneingangs spricht Leismann die Preisauszeichnung an, die aber auch ihrer Meinung nach an Bedeutung verlieren wird, wenn der Handel verstärkt die Regaletikettierung einsetzt.[207] Da bei dieser Ausarbeitung die Anforderungen an WWS dargestellt werden, kann eine Preisauszeichnung im „klassischen" Sinne nicht berücksichtigt werden. Es wird davon ausgegangen, daß in Zukunft nur noch eine Regaletikettierung vorgenommen wird, die bereits in Kapitel 3.4.3.4 erläutert wurde.

Köckeritz sieht bei seinen Ausführungen die zentralen Aufgaben des Wareneingangs in der Wareneingangserfassung, der Etikettenerstellung, der Mengen- und Qualitätsprüfung, der Auszeichnung, der Auftragsrückstandskorrektur und in der Filialaufteilung.[208] Das ist sicherlich damit zu begründen, daß er die Aufgaben aus der Sicht des Großhandels beschreibt, aber eine Filialaufteilung gehört, nach der hier vorgenommenen Betrachtung, zum Warenausgang. Die Etikettenerstellung und die Auszeichnung sind, bei der vom Verfasser vorgenommenen Unterteilung, zu einem Bereich Etikettierung zusammengefaßt worden,[209] und sind dem Funktionsbereich Verkauf zugeordnet. Da von einer Regaletikettierung ausgegangen wird, würde eine Mitsendung der Regaletiketten durch den Wareneingang eine zusätzliche Fehlerquelle darstellen. Der Verkauf ist aus diesem Grund am ehesten für die Etikettierung geeignet, da sie bei ihm benötigt werden und er am schnellsten

205 Vgl. Leismann (1990), S. 17. Sie bezieht sich zwar auf die gleiche Stelle, läßt aber die Rechnungsprüfung, wie sie Kirchner und Zentes als Teil des Wareneingangs sehen, außen vor und macht somit eine Abgrenzung, die sie nicht explizit begründet.

206 Vgl. Leismann (1990), S. 17.

207 Vgl. Leismann (1990), S. 17f.

208 Vgl. Köckeritz (1991), S. 95-100.

209 Siehe Begründung im Kapitel 3.4.3.4.

auf Änderungen reagieren kann. Somit schränkt Köckeritz auch zurecht die Aufgaben des Wareneingangs ein, wonach „die wesentliche Aufgabe des Teilmoduls Wareneingang ... die physische Erfassung und Kontrolle der gelieferten Waren“[210] ist.

Die Überprüfung und Eingabe von Abweichungen vom Soll-Wareneingang ist ebenfalls eine Aufgabe des Wareneingangs und sollte vom WWS unterstützt werden. Dadurch wird die Grundlage für eine Lieferantenbeurteilung geschaffen.[211] Merkmale wie Termintreue, Qualität o.ä. resultieren aus den Eingaben beim Wareneingang, z.B. durch die Eingabe des tatsächlichen Liefertermins, dessen Vergleich mit dem vereinbarten Liefertermin zur Termintreue führt.

Wenn Falsch- oder Fehllieferungen vorkommen, muß das WWS die Möglichkeit bieten, Lieferungen ohne Bestellung anzunehmen und entsprechend nachzupflegen. Die letztendliche Entscheidung, ob die Lieferungen behalten werden, bleibt dem Disponenten überlassen. Weitere Sonderfälle von Wareneingängen stellen Retouren und Umlieferungen dar. Ein WWS sollte insgesamt die Möglichkeit bieten, folgende Warenlieferungen über das normale Wareneingangssystem abzuwickeln:[212]

- Lieferungen von Lieferanten
- Lieferungen von anderen operativen Einheiten (z.B. von der operativen Einheit Lager an die operative Einheit Filiale)
- Retouren vom Endverbraucher
- Retouren von anderen operativen Einheiten
- Warenlieferungen zur direkten Weiterleitung an andere operative Einheiten, Lieferanten oder Abnehmer (z.B. Retouren von einer Filiale, die an den Lieferanten zurückgehen sollen, vorkommissionierte Ware, die an ein Lager zur Weiterleitung an eine Filiale, geliefert wird, Umlieferungen zwischen Filialen, die in einem Lager zwischengelagert werden)

Bei der abschließenden Einlagerungsanforderung an die Lagerverwaltung und der damit verbundenen Einlagerung wird der Bestand entsprechend korrigiert, d.h. er muß vom Wareneingang zum Lager buchbar sein bzw. gebucht werden.[213]

---

210 Köckeritz (1991), S. 96.
211 Vgl. Marktspiegel (1990), S. 38.
212 Vgl. Hertel (1992), S. 193-195.
213 Vgl. Hertel (1992), S. 195.

Abschließend sollen noch einige Sonderfälle und deren Behandlung, wie sie im Subsystem Wareneingang eines WWS abgewickelt werden sollten, dargestellt werden:[214]

- **Wareneingang ohne Bestellung**
  Ein Lösungsansatz wäre die Erzeugung einer Bestellung mit anschließender Weiterverarbeitung. Wenn der Wareneingang ohne Bestellung allerdings sehr oft vorkommt, wie im Streckengeschäft, muß die Möglichkeit einer Neuanlegung eines Wareneingangs im Dialog bestehen, ohne daß auf eine offene Bestellung zugegriffen werden muß.
- **Wareneingang mit nicht gelisteten Artikeln**
  Zum einen sollte man Artikel im Wareneingang listen können, oder es muß zumindest die Möglichkeit der Verwendung gewisser Sammelartikel bzw. Warengruppen bestehen, die aber keine mengenmäßige Bestandsführung zulassen.
- **Integration von Lieferavisen**
  Bei der Kommissionierung von Filialbestellungen im Zentral- oder Regionallager kann es, z.B. durch Rundungen, zu Differenzen gegenüber der Bestellung kommen. Es sollte vom WWS eine Übertragung der zu erwartenden Lieferung, d.h. kommissionierten Lieferung, an die Filiale möglich sein, z.B. mit dem entsprechenden SEDAS-Protokoll. Der Wareneingang kann anhand dieser Daten, die im System vorliegen müssen, Abweichungen gegenüber der Bestellung feststellen.
- **Retouren**
  Eine Retoure sollte über die Rücklieferung abgewickelt werden können. In der Regel liegt eine „offene Bestellung" vor, weil eine Retoure zwischen operativen Einheiten vorher abgesprochen wird. Sollte eine offene Bestellung nicht vorliegen, erfolgt die Abwicklung wie bei einem Wareneingang ohne Bestellung.
- **Umlieferungen**
  Umlieferungen können analog zu Retouren behandelt werden, da sie im Prinzip die Verallgemeinerung einer Retoure sind.
- **Lieferscheinerfassung im Streckengeschäft**
  Die Lieferscheinerfassung sollte im Subsystem Wareneingang erfolgen können, damit die Überprüfung mit dem tatsächlichen Wareneingang möglich ist.

214 Vgl. Hertel (1992), S. 198-201.

- **Lieferscheindatenübertragung mit SEDAS**
  Eine Lieferscheindatenübertragung mit SEDAS ermöglicht eine automatische Lieferscheinerfassung, wenn die Daten über eine Kommunikationsschnittstelle übertragen werden können.

3.4.4.3 Lagerverwaltung

Die Lagerverwaltung hat als Aufgaben die Einlagerung, das Um- bzw. Verpacken sowie die Auslagerung von Artikeln und stellt somit das Bindeglied zwischen Wareneingang und Warenausgang, mit dem Ziel der Optimierung des Verhältnisses von verfügbarem Warenbestand und Lagerkosten, dar.[215]

Ebert sieht als zentrale Aufgaben der Lagerwirtschaft den innerbetrieblichen Transport, die Transportplanung, die Warenmanipulation, die Warenauszeichnung, die Lagerung und Umlagerung sowie die Lagerplatzverwaltung und Lagerbestandsführung an.[216] Die Warenauszeichnung wurde bereits im Kapitel 3.4.3 Etikettierung dem Verkauf zugeordnet. Die Warenmanipulation entspricht dem oben angeführten Um- bzw. Verpacken. Als neue Aspekte kommen somit der innerbetriebliche Transport, die Transportplanung, die Lagerung und die Umlagerung hinzu, die im weiteren unter dem Begriff Lagersteuerung zusammengefaßt werden. Eine solche Lagersteuerung sollte durch die Anbindung eines externen Subsystems realisiert werden. Die ständigen Änderungen in diesem Bereich in Form von steigender Automation[217] kann durch ein WWS nur schwer abgedeckt werden, sondern sollte durch speziell entwickelte Subsysteme realisiert sein. Das WWS muß die Lagersteuerung über Schnittstellen mit Daten der ein- und auszulagernden Artikel versorgen und erhält auf der anderen Seite Informationen über den Verbleib der Artikel.

Insgesamt kann das Lager als abgeschlossenes Modell angesehen werden, d.h. es besteht nur der Zugriff auf das Lager über Ein- und Auslagern und natürlich über entsprechenden Informationsaustausch.[218] Abbildung 16 verdeutlicht diesen Sachverhalt.

---

215 Vgl. Leismann (1990), S. 21.

216 Vgl. Ebert (1986), S. 116-118.

217 Als Beispiele für steigende Automation seien Fahrerlose Transportsystem (FTS) und automatische Hochregallager genannt.

218 Vgl. zum abgeschlossenen Lagermodell Hertel (1992), S. 203f.

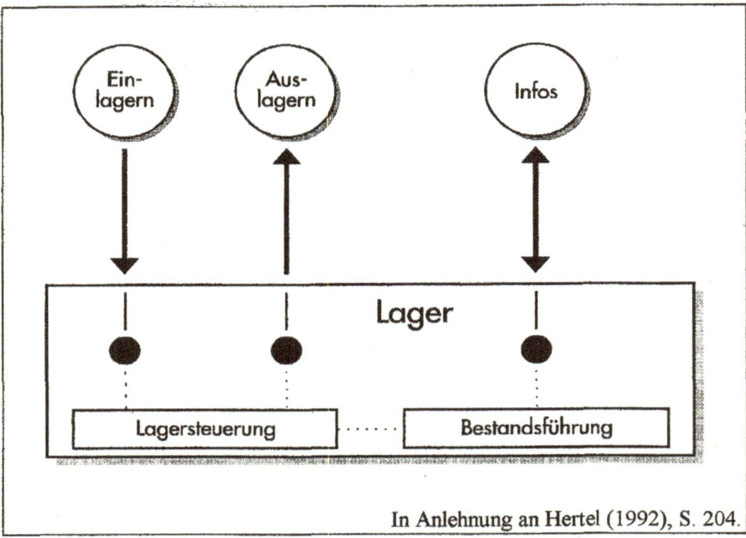

In Anlehnung an Hertel (1992), S. 204.

Abbildung 16: Das Lager als abgeschlossenes Modell

Der Lagerzugang bzw. das Einlagern stellt dabei eine vollständige Integration von Einkauf, Wareneingang und Lagerwesen dar; dem Lager werden Daten von der Wareneingangserfassung und dem Einkauf zur Verfügung gestellt. Die Verwaltung von Lagerplätzen muß ein WWS in der Form unterstützen, daß es Auskunft über die Lagerplätze eines jeden Artikel liefern kann. Die Lagerplatzermittlung muß einem Lagerverwalter aufzeigen, welche Lagerplätze für anstehende Einlagerungen noch frei sind.[219]

Es zeigt sich, daß die Lagerfunktion ein wesentlicher Bestandteil der Handelslogistik ist. Die Ausgestaltung ist abhängig von der aufbau- und ablauforganisatorischen Gesamtkonzeption, wobei folgende Faktoren die Komplexität der Lagerfunktion bestimmen:[220]

- die Sortimentsstruktur
- das Warenaufkommen (Umfang und Rhythmus)
- die interne Lager- und Kommissionierorganisation
- die regionale Verteilung der Filialen und deren optimale Warenversorgung
- eine kontinuierliche und bedarfsgerechte Warenversorgung
- die Beschaffungsmärkte (national, europäischer Raum insbesondere EG, außereuropäischer Raum)

---

219 Vgl. zu diesem Abschnitt Marktspiegel (1990), S. 42 u. 44.
220 Vgl. Köckeritz (1991), S. 143.

Durch eine transparente Warenwirtschaftsbasis und der dazu erforderlichen EDV-mäßigen Infrastruktur kann sich die reine Lagerfunktion zu einer effizienten, zeitgemäßen Bestandsmangement-Funktion entwickeln.[221]

Desweiteren sollten zwei verschiedene Lagerstrukturen, zum einen die zentrale Lagerung, mit einem Schwerpunkt in Zentrallägern, und zum anderen die dezentrale Lagerung, bei der die vorwiegende Lagerung in Regionallägern oder in Filialen vorgenommen wird, von einem WWS des Handels unterschieden werden. Die Lagerverwaltung der Filiale schließt die Präsentation der Ware gegenüber dem Kunden mit ein.[222] Die Vorteile der jeweiligen Struktur stellt die folgende Tabelle dar.

Vorteile zentraler Lagerung	Vorteile dezentraler Lagerung
weitreichende Automatisierungsmöglichkeiten	die Möglichkeit einer stark spezialisierten Lagerausstattung
eine hohe Lager- und Technikauslastung	kurze Wege
geringere Personalkosten	geringere Transportkosten
optimale Flächen- und Raumnutzung	höhere Flexibilität
weniger Dispositionsaufwand, da nur bei einer zentralen Stelle bestellt wird	optimale Gebäudeanpassung
geringere Bestände, da außerhalb der Verkaufsräume keine filialeigenen Reservelager unterhalten werden	schnellere, bedarfsgerechte Warenversorgung aufgrund der kürzeren Wege
verbesserte Bestandsüberwachung und -steuerung	
	Quelle: Köckeritz (1991), S. 145f.

Tabelle 6: Vorteile zentraler und dezentraler Lagerung

Durch das Konzept der operativen Einheiten werden beide Strukturen gleichermaßen begünstigt, d.h. die Lagerverwaltung eines WWS muß eine Komplexität eines Lagers von einem Filiallager bis zu einem Zentrallager unterstützen. Die tatsächliche Nutzung muß über Anpassung, beispielsweise mit dem oben bereits erwähnten Customizing, vorgenommen werden.

Außerdem kann die Ablauforganisation im Lager in einen operativen und einen administrativen Bereich unterschieden werden. Im operativen Bereich steht der Warenfluß im Vordergrund, der durch warenbegleitende Informationen gesteuert und kontrolliert wird.[223] Der administrative Bereich verwendet die auf diese Weise

221 Vgl. Köckeritz (1991), S. 143.
222 Vgl. Hertel (1992), S. 201.
223 Vgl. Sova, Piper (1985), S. 106.

zeitnah mitgeführten Artikelbestände zu Planungs-, Dispositions- und Verwaltungszwecken.[224]

Ein weiterer Aspekt der Lagerverwaltung ist die Lagerordnung. Sie erlaubt die Zuweisung der Artikel zu ihren Lagerplätzen auf drei verschiedene Arten:[225]

- **fest**
  Jeder Artikel hat einen festen (gleichen) Lagerplatz.
- **frei**
  Jeder Artikel kann einen beliebigen, noch nicht belegten Lagerplatz, zugewiesen bekommen. Dieser Lagerplatz wird dann ausschließlich von diesem Artikel belegt.
- **chaotisch**
  Jeder Artikel bekommt einen beliebigen Lagerplatz zugewiesen. Im Gegensatz zur freien Lagerordnung kann ein Lagerplatz von mehreren verschiedenen Artikeln belegt werden.

Die chaotische Lagerordnung oder -haltung hat den geringsten Lagerplatzbedarf, die geringsten Lagerkosten, jedoch stellt das Auffinden von Artikeln bei dieser Ordnung auch den höchsten Anspruch an das WWS.

Eine weitere Anforderung an das Subsystem Lagerverwaltung eines WWS ist die sogenannte Mehrlagerverwaltung, bei der ein Artikel gleichzeitig auf mehrere Lagerorte lagern kann. Außerdem muß das WWS sogenannte Bewegungsprotokolle führen, d.h. alle Warenbewegungen innerhalb einzelner und zwischen verschiedenen Lägern sowie sämtliche Lagerbewegungen, die aus Lagerzu- und -abbuchungen entstanden sind, müssen protokolliert werden.[226] Solche Bewegungsprotokolle sind besonders hilfreich bei der Bestandsführung der Lagerverwaltung. Die Lagerverwaltung ist durch Wareneingänge, Warenausgänge und den Bewegungsprotokollen stets über den Bestand im Lager informiert, jedoch stellt die Inventur noch eine Korrektur dieser Bestände dar, was aber erst später erläutert wird. Das WWS sollte Bestandsführungen nach Artikeln, Artikelgruppen und auch Sortimentsgruppen erlauben. Die Aufschlüsselung nach Artikelgruppen ist vor allem bei einem sehr großen Sortiment hilfreich. Die Bestandsführung nach Sortimentsgruppen stellt eine zusätzliche Differenzierung von Artikelgruppen dar, wobei die Zusammenfassung mehrerer Artikelgruppen ein Sortiment bildet.[227]

---

224 Vgl. Sova, Piper (1985), S. 106.

225 Vgl. Marktspiegel (1990), S. 43f.

226 Vgl. Marktspiegel (1990), S. 44 u. 46.

227 Vgl. Bestandsführungen nach Artikeln, Artikelgruppen und Sortimentsgruppen mit Marktspiegel (1990), S. 46.

Die Berücksichtigung der Verbrauchsfolge stellt eine Möglichkeit dar, die Auslagerung nach verschieden Kriterien vorzunehmen. Im Lagerbereich gibt es drei solcher Verfahren:[228]

- **First in - First out (FIFO)**
  Die Artikel, die zuerst eingelagert wurden, werden auch als erstes ausgelagert.
- **Last in - First out (LIFO)**
  Die Artikel, die zuletzt eingelagert wurden, werden zuerst ausgelagert.
- **Highest in - First out (HIFO)**
  Die am teuersten eingekauften Artikel werden zuerst ausgelagert.

Sonstige Lagerfunktionen des Subsystems Lagerverwaltung sind die Verwaltung von Transportgeräten, die innerhalb einer Unternehmung verwendet werden, die Verwaltung von Transporthilfsmitteln, da sie das Unternehmen verlassen und deswegen systemseitig verfolgt werden müssen, die Optimierung von Lagerräumen, deren Grundlage die beanspruchte Fläche der Artikel, die Berücksichtigung von Umschlagsgeschwindigkeit und Haltbarkeitsdatum sind, und nicht zuletzt die Optimierung von Transportwegen.[229]

Ein weiterer Aufgabenbereich der Lagerverwaltung ist die Bestellannahme bzw. Bestellweiterleitung. Untergeordnete Einheiten, wie z.B. Filialen oder Regionalläger, bestellen bei übergeordneten größeren Lägern Ware, die in die Lagerverwaltung eingespielt wird, um sie zur Weiterverarbeitung an die Kommissionierung zu übergeben. Die eingehenden Bestellungen müssen, wie auch schon die oben erwähnten Wareneingänge, nicht für das entsprechende Lager bestimmt sein, sondern können folgende Varianten aufweisen:[230]

- Bestellungen sind für andere Läger bestimmt
- Bestellungen werden an ein anderes Lager weitergeleitet, weil entsprechende Artikel nicht vorhanden sind
- Bestellungen werden grundsätzlich an einer zentralen Stelle gesammelt
- Bündelung von Direktlieferungen bzw. Streckenlieferungen

Alle diese Möglichkeiten der Bestellannahme bzw. -weiterleitung müssen ebenfalls von einem WWS des Handels im Subsystem Lagerverwaltung unterstützt werden.

---

228 Vgl. Marktspiegel (1990), S. 47.
229 Vgl. Marktspiegel (1990), S. 52-53.
230 Vgl. zur Bestellannahme und -weiterleitung Hertel (1992), S. 206-207.

3.4.4.4 Warenausgang

Der Warenausgang bildet das Gegenstück zum Wareneingang; alle artikelgenauen Erfassungen des Wareneingangs müssen ebenso artikelgenau im Warenausgang festgehalten werden.[231]

Die Aufgaben des Warenausgangs sind die Kommisionierung und deren Planung, die Verpackung der Ware, die Warenausgangserfassung und deren Kontrolle sowie die Versandabwicklung einschließlich der Vorbereitung zur Auslieferung.[232]

Die Verwaltung von Touren, die Tourenplanung und -optimierung wird an dieser Stelle nicht weiter betrachtet. Für solche Aufgaben sind bereits eine Reihe von Softwarepaketen am Markt erhältlich, die als externe Programme über Schnittstellen mit dem WWS verbunden werden. Die Darstellung solcher Subsysteme erfolgt im Kapitel 3.5 Anbindung externer Subsysteme.

Die Kommissionierung ist die Bereitstellung, vom Abnehmer bestellte Ware, zur Auslieferung.[233] Die offenen Bestellungen müssen nach bestimmten Kriterien in Gruppen aufgeteilt werden können, d.h. man muß nach Abnehmern, nach Liefertagen und -rhythmen, nach Artikelgruppen, nach Eilaufträgen usw. gruppieren können. Für die weitere Betrachtung der Kommissionierung sei auf entsprechende Literatur verwiesen,[234] es soll jedoch noch angemerkt werden, daß gerade in diesem Bereich, eine stetige technische Weiterentwicklung zu erkennen ist, so daß ein WWS auch die vollständig automatisierte Kommissionierung unterstützen muß.[235]

Die kommissionierte Ware wird oft mit sogenannten Pack- und Transportmitteln wie Paletten, Gitterboxen oder Rollcontainer versendet. Der Warenausgang muß diese Hilfsmittel ebenfalls erfassen, um deren Verfolgung zu gewährleisten.[236]

Die Warenausgangserfassung im Großhandel unterscheidet sich zur Warenausgangserfassung im Einzelhandel. Im Großhandel kann sie mit mobilen Datenerfassungsgeräten (MDE-Geräte)[237] erfolgen, wohingegen im Einzelhandel die Warenausgangserfassung identisch mit der artikelgenauen Warenerfassung an der Kasse zum Verkaufszeitpunkt ist, was durch Scanner oder Lesestifte erfolgen kann.[238]

---

231 Vgl. Barth (1993), S. 290.
232 Vgl. Ebert (1986), S. 119-123; Kirchner, Zentes (1984), S. 26-29.
233 Vgl. Gabler (1993), S. 1856.
234 Vgl. Barth (1993), S. 331-334; Tietz (1993), S. 709-713; Tietz (1987), S. 717-722.
235 Vgl. Tietz (1987), S. 717-722.
236 Vgl. SAP (1995), S. „6-26".
237 MDE-Geräte können überdies für Inventur, aber auch für eine Wareneingangserfassung benutzt werden. Vgl. hierzu Datenerfassung ohne Umweg (1979), S. 6-9.
238 Vgl. Leismann (1990), S. 18.

Eine weitere Aufgabe des Warenausgangs ist die Verknüpfung der ausgegebenen Ware mit „Verkäufern". Im Großhandel sollte der Verkäufer bei der Auftragsabwicklung angegeben werden, so daß er zum Zeitpunkt des Warenausgangs bereits bekannt ist. In der Filiale kann die Angabe eines Verkäufers unterschiedlich erfolgen. Wenn man den Textileinzelhandel betrachtet, so haben z.B. Peek & Cloppenburg-Verkäufer persönliche Aufkleber, die mit einer EAN-Codierung versehen sind, die auf der verkauften Waren angebracht werden.[239] Beim Lebensmitteleinzelhandel kann die Zuordnung z.B. dadurch erfolgen, daß KassiererInnen ihre Personalnummer angeben, um alle getätigten Verkäufe ihnen zuordnen zu können.

Diese Zuordnung ist deswegen notwendig, damit ein WWS aus den verkauften Waren die Provisionen für Verkäufer ermitteln kann.

3.4.4.5 Inventur

„Bei der Inventur, der körperlichen Bestandsaufnahme aller gelagerten Artikel, sollen Differenzen des physischen Lagerbestands mit dem Sollbestand laut EDV aufgedeckt werden. Übliche Inventurverfahren sind Stichtagsinventur und permanente Inventur."[240] Durch ständiges Erfassen der Lagerzu- und -abgänge kann vom WWS eine permanente Inventur erfolgen.[241]

Ein Vergleich von tatsächlich erfaßten Daten (z.B. bei Stichtagsinventur) und denen der permanenten Inventur erlauben eine Soll-Ist-Auswertung. Auftretende Inventurdifferenzen können Ausschuß, z.B. verderbliche Ware oder Materialfehler, die bei der Wareneingangserfassung nicht festgestellt wurden, oder Lagerschwund sein.[242] Lagerschwund sind die Differenzen, die nicht durch Ausschuß o.ä. erklärbar sind (z.B. Diebstahl).

Ein WWS kann die Inventur außerdem durch folgende Funktionen unterstützen:[243]

- jederzeitige Durchführung von Zwischeninventuren
- Sperrung zu inventarisierender Artikel für Lagerbewegungen
- automatische Übernahme von MDE-Inventurdaten
- Drucken von Inventurlisten

239 Vgl. Verknüpfung mit Verkäuferdaten Leismann (1990), S. 18f.
240 Vgl. Leismann (1990), S. 21.
241 Vgl. Marktspiegel (1990), S. 42.
242 Vgl. Marktspiegel (1990), S. 42f.
243 Vgl. SAP (1995), S. „6-14".

3.5 Anbindung externer Subsysteme

Es wurde bei der Darstellung der Funktionsbereiche operativer Einheiten bereits des öfteren auf externe Subsysteme hingewiesen. Solche externen Subsysteme sind Programme, die z.T. einen sehr ausgereiften Zustand erreicht haben und in dieser Form am Markt erhältlich sind. Diese Programme wurden speziell für einen Bereich entwickelt und sind das Ergebnis jahrelanger Entwicklung. Es ist somit wesentlich einfacher, externe Subsysteme durch Schnittstellen an ein WWS anzubinden, als deren Komplexität durch eine Neuentwicklung in ein WWS zu integrieren.

Im folgenden werden die Regaloptimierung, die Tourenplanung, die Lagersteuerung und Kassensysteme als wesentliche Beispiele zur Anbindung von externen Subsystemen dargestellt. Die Betrachtung zeigt entscheidende Aspekte, um die Funktionalität zu erläutern. Für eine genauere Betrachtung sei auf die Programmbeschreibungen solcher Subsysteme verwiesen, da sie nicht Bestandteil der Anforderungen an WWS des Handels sind.

3.5.1 Regaloptimierungsprogramme

Regaloptimierungsprogramme berechnen die optimale Plazierungsbreite auf der Basis der artikel-individuellen Absatzerwartung unter Berücksichtigung des Nachfüllrhythmus und etwaiger Traygrößen (z.B. Plazierungskartons des Herstellers für mehrere gleiche Artikel) sowie Stapelhöhen für ein definiertes Regal.[244]

Es gibt bereits eine Reihe von Softwarepaketen zur Regalflächenoptimierung, die als externe Programme zum WWS eingesetzt werden können. Das wohl bekannteste in Deutschland ist SPACEMAN von Logistic Data, das folgende Faktoren berücksichtigt:

- „Zeit zwischen Nachbestellung und Wareneingang
- Höhe und Verlauf (Schwankung) der Kundennachfrage
- Verpackungseinheiten und Mindestbestellung
- verfügbare Regalfläche
- Verpackungsart, Größe, Stapelhöhe
- Handling-, Lager-, Flächen- und Energiekosten (im Sinne des DPR[245]-Konzeptes)

---

244 Vgl. Milde (1994), S. 415.

245 DPR steht für Direkte Produktrentabilität. Das DPR-Konzept errechnet die produktspezifischen Deckungsbeiträge durch die Subtrahierung von direkt zurechenbaren Kosten und von weiteren fixen Kosten vom Bruttoertrag, um zu einer Beurteilung der Artikeleignung für das jeweilige Sortiment zu gelangen. Vgl. hierzu Tietz (1993), S. 1170; Zentes, Exner, Braune-Krickau (1989), S. 127-140.

- Verkaufs- und Einstandspreis
- Auswirkungen der verkaufsflächeninternen Standorte auf den Absatz (Verkaufsflächen- und Regalwertigkeiten).

Auf der Basis dieser Daten können u.a. simuliert werden:

- welche Artikel das Ergebnis verbessern können
- wieviel Platz welchen Artikeln mehr bzw. weniger eingeräumt werden soll
- welche Regalordnung sich am besten eignet
- welche Auswirkungen eine Vergrößerung der Verkaufsfläche hätte"[246]

Ein WWS des Handels muß bei solchen externen Subsystemen allerdings berücksichtigen, daß Basisdaten für die Regaloptimierung zur Verfügung gestellt werden müssen und diese solche Daten verändern.

Regaloptimierungsprogramme können in der Konzeption der operativen Einheiten nicht nur für Filialen sondern auch für Läger eingesetzt werden. Es müßten jedoch die Artikel nicht unter deckungsbeitragstechnischen, sondern unter kommissioniertechnischen Gesichtspunkten plaziert werden.[247]

3.5.2 Tourenplanungsprogramme

Tourenplanungsprogramme helfen die Gesamtmenge der Auslieferungen, unter Zuordnung zu Fahrzeugen, möglichst kostengünstig zusammenzustellen.[248] Solche Programme können auch bei unternehmensfremden Spediteuren dazu beitragen, Transportkosten zu minimieren.

Ein WWS muß Schnittstellen zu einem solchen Programm bieten, damit entsprechende Daten vom Programm genutzt werden können. Bei einer kompletten Auslagerung der Lagerhaltung und Distribution, an sogenannte Logistikdienstleister, werden in einem Informationssystem keine Schnittstellen zu solch einem externen Subsystem benötigt.

Als Beispiel sei das Tourenplanungsprogramm System/360 der IBM, das u.a. folgende Restriktionen berücksichtigen kann, genannt:[249]

- begrenzte Besuchszeiten am Lieferpunkt
- durchschnittliche Aufenthaltszeit an einem Lieferpunkt

246 Zentes, Exner, Braune-Krickau (1989), S. 227.
247 Vgl. Hertel (1992), S. 155.
248 Vgl. Rauh (1990), S. 333.
249 Vgl. IBM (o.J.), S. 6.

- Fahrzeugbeschränkungen am Lieferpunkt (z.B. Fahrzeughöhe)
- frühester Startzeitpunkt, spätester Rückkehrzeitpunkt für alle Fahrzeuge des Fuhrparks
- maximale Dauer einer Tour

3.5.3 Lagersteuerungssysteme

Die Einlagerungs- und Auslagerungsphase des innerbetrieblichen Materialflusses wird gegenwärtig immer stärker automatisiert und deren Datenverarbeitungsanlagen übernehmen die Lösung von Zuordnungs- und Suchproblemen in den Materiallägern sowie die Positionierung und Steuerung der Lagerbedienungsgeräte.[250]

Dabei kann im Bereich der Lagersteuerungssysteme zwischen Offline- und Online-Varianten unterschieden werden. Offline-Steuerungen optimieren die Materialflüsse im Lager (durch kürzeste und schnellste Wegverbindungen, Sonderlagerung kritischer Güter wie Chemikalien usw.) und zusätzlich kann der parallel zum Materialfluß verlaufende Informationsfluß einbezogen werden. Das bedeutet EDV-gestützte Bestandsführung und Bestandsüberwachung, Festlegung der Verweildauer und Umschlagshäufigkeiten, Operieren mit Verbrauchsfolgeverfahren und Erstellen von Dokumenten (z.B. Materialausgabeschein). Online-Steuerungen integrieren die Lagersteuerung mit vor- und nachgelagerten Steuerungssystemen (Beschaffungs- und Transportdisposition). Dies gilt sowohl für den Materialfluß (mit dem Ideal der durchgehenden Materialflußkette) als auch für den Informationsfluß.[251]

Auch bei Lagersteuerungssystemen muß durch Schnittstellen eine Anbindung an ein WWS ermöglicht werden, um eine entsprechende Datenversorgung zu gewährleisten. Wenn die Lagerhaltung und Distribution eines Handelsunternehmen ausgelagert wird, wie es bereits bei der Tourenplanung beschrieben wurde, entfällt natürlich auch hier die Notwendigkeit solcher Schnittstellen.[252]

3.5.4 Kassensysteme

Mit der Anbindung von Kassensystemen an ein WWS des Handels sind vor allem sogenannte Datenkassen gemeint, die typischerweise im filialisierenden Einzelhan-

---

250 Vgl. Grochla (1986), S. 201.

251 Vgl. vorangegangenen Abschnitt zu Online- und Offline-Steuerung mit Schweitzer (1994), S. 516.

252 Für eine nähere Betrachtung von Steuerungssystemen bzw. Lagersteuerungssystemen sei auf Kurbel, Mertens, Scheer (1989), „Interaktive betriebswirtschaftliche Informations- und Steuerungssysteme", verwiesen.

del vorzufinden sind. Bei der Datenkasse, auch elektronische Registrierkasse genannt, handelt es sich um eine Endstation eines Verkaufsvorgangs, bei der eine Dateneingabe manuell, per Tastatur oder mittels Scanner erfolgen kann. Es sind dabei Kassen im Online-Betrieb und Offline-Betrieb zu unterscheiden. Wird die Datenkasse im Offline-Betrieb benutzt, erfolgt die Datenspeicherung und -verarbeitung auf einer getrennten EDV-Anlage, deren Daten in einem Batchlauf dem WWS übermittelt werden können. Beim Online-Betrieb wird die Speicherung und Verarbeitung sofort, in Verbindung mit dem WWS, vorgenommen.[253]

Zu den hier vorgestellten Datenkassen gehören neuerdings immer mehr sogenannte POS-Banking-Vorrichtungen, die eine direkte Zahlungsabwicklung am POS mit der Bank des Kunden ermöglichen.[254] Für eine genauere Betrachtung sei auf entsprechende Literatur verwiesen.[255]

3.6 Management-Informationssysteme als Steuerungsinstrument

Ein Management-Informationssystem (MIS) wird in der betrieblichen Datenverarbeitung als Softwaresystem verstanden, das der Unternehmensführung bzw. dem Management und auch Sachbearbeitern[256] Informationen zur Vorbereitung strategischer oder taktischer bzw. operativer Entscheidungen liefert.[257] Diese Definition läßt schon eine Differenzierung nach längerfristigen und kurzfristigen Entscheidungen erkennen, die im weiteren Verlauf der Darstellung von MIS wieder aufgegriffen wird.

Das Informationswesen schließt den Kreislauf der WWS mit der Verbindung aller Funktionsbereiche, deren Warenwirtschaftsdaten ausgewertet, analysiert und zweckgerecht aufbereitet werden müssen.[258]

Unüberschaubare Datenmassen, sogenannte „Datenfriedhöfe“[259], besitzen wenig Aussagekraft, bzw. der Zeitaufwand für die Analyse von maschinell erstellten Endloslisten ist nicht gerechtfertigt, und können in der Regel wenig zur Entscheidungsfindung im Handel beitragen.[260]

---

253 Vgl. zu Thema Datenkasse Gabler (1993), S. 1805.
254 Vgl. Hertel (1992), S. 28-30.
255 Vgl. dazu Zentes, Exner, Braune-Krickau (1989), S. 90-111.
256 Vgl. SAP AG (1995), S. „8-1“.
257 Vgl. Gabler (1993), S. 1219.
258 Vgl. Leismann (1990), S. 21.
259 Ahlert (1994), S. 82.
260 Vgl. Leismann (1990), S. 21.

Auch Schiffel kommt zu der Erkenntnis, daß entscheidungsorientiert aufbereitete Informationen Voraussetzung für ein erfolgreiches Führungsverhalten sind und die, durch die Abbildung des Warenflusses, gewonnenen Informationen der Warenwirtschaftssysteme aufzubereiten und zu verdichten sind, um zu aussagekräftigen Kennzahlen zu gelangen.[261] Generell läßt sich feststellen, daß EDV-gesteuerte WWS nicht „automatisch“ Führungsinformationen liefern, sondern lediglich die Möglichkeit bieten, aus dem umfangreichen Zahlenmaterial, das bei der Abbildung des Warenflusses entsteht, beliebige Kennzahlen, unabhängig von deren Sinngehalt und Aussagekraft, zu bilden.[262]

Bei den bisher beschriebenden Elementen eines WWS liegt die Hauptaufgabe im Erfassen, Speichern, und Verarbeiten von Massendaten unter dem Aspekt, Rationalisierungsmöglichkeiten durch den EDV-Einsatz wahrzunehmen. Das Informationswesen bzw. das Management-Informationssystem eröffnet allerdings noch weitere Rationalisierungspotentiale.[263]

Von der Verknüpfung, der aus modernen Technologien, wie z.B. Scannerkassen, Lesestiften und Waagensysteme, zu gewinnenden Informationen zu einem strategischen Informationsmodell, werden die zukünftigen Erfolgspotentiale des Handels abhängen.[264]

Außerdem wird die Qualität, der daraus abgeleiteten Führungsentscheidungen, wesentlich von der Aktualität und Genauigkeit der Auswertungen geprägt. Auswertung und Aufbereitung der Daten muß zu einer Informationsoptimierung führen, d.h. Aussonderung redundanter Informationen und Bereitstellung relevanter Informationen für die Stellen, die sie benötigen.[265] „Je stärker das Informationssystem des WWS in das gesamtbetriebliche Informationssystem integriert ist, desto umfassender können die Auswertungen als gesamtbetriebliche Entscheidungsgrundlage genutzt werden.“[266]

Die folgende Abbildung 17 zeigt Management-Informationssysteme als übergeordnetes Steuerungsinstrument mit den Bereichen Handelscontrolling, operatives und strategisches Handelsmanagement.

261 Vgl. Schiffel (1984), S. 67.
262 Vgl. Schiffel (1984), S. 69; Wilke (1989), S. 85-87.
263 Vgl. Leismann (1990), S. 21. Sie spricht allerdings von Marketing-Management-Informationssystem (MMIS) und nicht von Management-Informationssysteme.
264 Schulte, Simmet (1990), S. 21.
265 Vgl. Leismann (1990), S. 21.
266 Leismann (1990), S. 22.

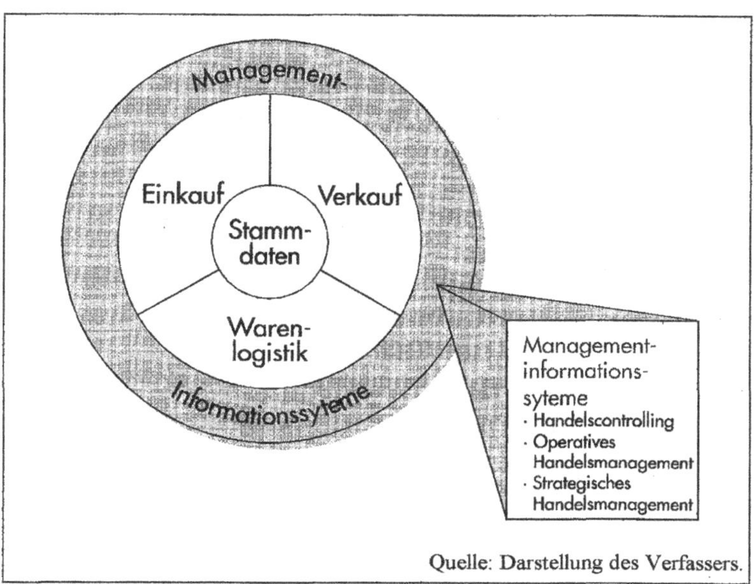

Quelle: Darstellung des Verfassers.

Abbildung 17: Management-Informationssysteme (MIS) als Steuerungsinstrument eines Warenwirtschaftssystems

Die Dreiteilung der Gliederung läßt sich so erklären, daß im Handelscontrolling Informationen gesammelt, verarbeitet und ggf. verdichtet und diese Informationen an Entscheidungsträger weitergeleitet werden.[267] Die weitere Einteilung in operatives und strategisches Handelsmanagement hat sich zum einen in der Handelspraxis bewährt, zum anderen ist das operative Handelsmanagement zum größten Teil für kurzfristige Entscheidungen und das strategische Handelsmanagement für längerfristige Entscheidungen zuständig, wobei eine klare Abgrenzung nicht immer möglich ist. Ein strategisches Handelsmanagement sollte neue Erfolgspotentiale schaffen und ein operatives Handelsmanagement vorhandene Erfolgspotentiale ausschöpfen.[268]

267 Vgl. Ahlert (1994), S. 68.
268 Vgl. Ahlert (1994), S. 83.

3.6.1 Handelscontrolling

Das Handelscontrolling ist dafür zuständig, die Informationen zur Entscheidungsunterstützung aus dem WWS entsprechend zu sammeln, aufzubereiten und wenn nötig zu interpretieren, um eine effiziente Unternehmensführung zu gewährleisten.[269]

Im Rahmen seiner Informationsversorgungsfunktion hat das Handelscontrolling, je nachdem ob es dem operativen oder dem strategischen Handelsmanagement zuarbeitet, unterschiedliche Maßgrößen zu erheben.[270] Es erscheint jedoch nicht sinnvoll das WWS nach operativen und strategischen Gesichtspunkten zu gliedern, da das Management-Informationssystem aus sämtlichen Funktionsbereichen für sämtliche Managementaufgaben relevante Informationen bereitzustellen hat.[271]

Mögliche Informationen, die aus einem WWS gewonnen werden, können sich wie folgt gliedern:[272]

- *kassenorientierte Informationen*
  - Kassen-Einsatzbericht
  - Bediener-Produktivitätsbericht
  - Bediener-Sonderfälle
  - Umsatz pro Stunde
  - Stückzahl der verkauften Artikel
  - Anzahl Kunden
  - Umsatz pro Kunde
  - Stückzahl pro Kunde
- *warenorientierte Informationen*
  - Renner-/Pennerliste
  - Liste nach Umsatz
  - artikelspezifische Deckungsbeiträge, auch kurzfristige Erfolgsrechnung (KER)
  - Aktionsliste
  - Bestandsliste
  - Analyse Sortimentsverbundeffekte

---

269 Vgl. Grisar (1994), S. 104.
270 Vgl. Ahlert (1994), S. 84f.
271 Vgl. Ahlert (1994), S. 84.
272 Vgl. Zentes, Exner, Braune-Krickau (1989), S. 32-40; Leismann (1990), S. 22; Schiffel (1984), S. 36f.; Zentes (1988), S. 179; Kirchner, Zentes (1984), S. 38-47; Wilke (1989), S.82-107.

  - Wirkungsrelation zwischen den Instrumenten Preis, Sonderangebote, Werbung und Plazierung
  - Preiselastizität

- *verkäuferorientierte Informationen*
  - Umsatz (Normalumsatz, Aktionsumsatz)
  - Retouren, Rabatte
  - Anzahl Kunden, Anzahl Artikel
  - Durchschnittsumsatz (je Kunde, je Artikel, je Stunde)

- *kundenorientierte Informationen*
  - Segmentierungsanalysen mit Perspektiven für das Direct Marketing

- *lieferantenorientierte Informationen*
  - Lieferantenbewertung
  - Lieferantenberichtswesen

Zur Aufbereitung dieser Informationen muß das MIS eines Warenwirtschaftssystems ein gewisses Sortiment an Standardanalysen zur Verfügung stellen, aber auch die Möglichkeit bieten, flexible Analysen, Listungen und sonstige Auswertungen zu erstellen.[273] Desweiteren muß die Möglichkeit der grafischen Aufbereitung gegeben sein und zudem sollte ein Subsystem vorhanden sein, mit dem auch zukunftsorientierte Planungen durchgeführt werden können.[274]

Im folgenden sollen einige Analysen näher erläutert werden, um ihre Bedeutung zu spezifizieren:

- **Renner-/Pennerlisten**
  Hier handelt es sich um Aufstellungen, in der, auf- oder absteigend sortiert, nach Kriterien wie z.B. Umsätze oder Deckungsbeiträge, die Renner oder Ladenhüter bzw. Penner im Sortiment ermittelt werden, wobei eine verschieden große Anzahl gewählt werden kann, eine Auflistung nach bestimmten Warengruppen o.ä.[275]

- **ABC-Analysen**
  Die ABC-Analyse ist ein Verfahren zur Schwerpunktbildung durch Dreiteilung, A ist besonders wichtig, B ist weniger wichtig und C ist unwichtig bzw. nebensächlich.[276] Ein Beispiel wäre die Einteilung der Kunden, A-Kunden sind die umsatzgrößten Kunden, die zusammen 70% des Umsat-

---

273 Vgl. SAP (1995), S. „8-2“ bis „8-8“.
274 Vgl. SAP (1995), S. „8-7“f.
275 Vgl. Zentes, Exner, Braune-Krickau (1989), S. 35.
276 Vgl. Gabler (1993), S. 3.

zes auf sich vereinigen, B-Kunden vereinigen 20% des Umsatzes und den restlichen Umsatz machen die C-Kunden unter sich aus.

- **Bestandslisten**
  Die Bestandslisten zeigen u.a. die aktuellen Bestände, Verkaufs- und Einkaufspreise, Deckungsbeiträge von ausgewählten Artikel, z.B. einer Warengruppe, an.[277]

- **Klassifikation und Segmentierung**
  Bei der Klassifikation werden die Merkmalsausprägungen bzgl. einer Kennzahl und bei der Segmentierung werden die Merkmalsausprägungen bzgl. zweier Kennzahlen in Klassen eingeteilt[278], beispielsweise die Klassifizierung von Filialen nach ihrem Umsatz pro Quadratmeter oder die Segmentierung der Kunden sowohl nach Anzahl der Aufträge als auch nach Umsatz.

- **Aktionslisten**
  Die Aktionslisten sollen die Wirksamkeit von Aktionsmaßnahmen deutlich machen und zeigen deshalb den täglichen, wöchentlichen o.ä. Umsatz oder Deckungsbeitrag der Artikel an, die zu einer Aktion gehören.[279]

Es könnten an dieser Stelle noch einige Analysen bzw. Auswertungen genannt werden. Die Beispiele sollten jedoch verdeutlichen, daß es eine Vielzahl solcher Analysen gibt, und ein Management-Informationssystem eines WWS in der Lage sein muß, solche Analysen zu erstellen. Wie ein Beispiel aus der Praxis zeigt, können solche Anforderungen durchaus befriedigt werden. So ist bei dem Warenwirtschaftssystem SAP R/3 Retail vorgesehen, daß es einige Standardanalysen, die durch Parameter auf spezielle Bedürfnisse ausgerichtet werden können, und daß es flexible Analysen gibt, bei denen Daten individuell zusammengestellt und verdichtet werden können und die Definition einer Auswertung über ein benutzerfreundliches Werkzeug erfolgt.[280]

Eine weitere Forderung für ein MIS eines WWS ist die Erstellung von zukunftsorientierten Planungen. Es müssen Plandaten für die Zukunft erfaßt und im nachhinein mit den entsprechenden Istwerten verglichen werden, um daraus zusätzliche Schlüsse ziehen zu können.

Zum Handelscontrolling soll abschließend noch erwähnt werden, daß die Erfassung artikelbezogener Verkaufsdaten nicht nur das Handelsunternehmen interessieren,

277 Vgl. Zentes, Exner, Braune-Krickau (1989), S. 36.
278 Vgl. SAP (1995), S. „8-5".
279 Vgl. Zentes, Exner, Braune-Krickau (1989), S. 36.
280 Vgl. SAP (1995), S. „8-5"f.

sondern auch Industrie, Marktforschungs- und Wirtschaftsinstitute, denen durch Aufstellung von Produktentwicklungen, Vertriebsstrategien, Absatzplanungen, logistische Konzepte usw. zu mehr Marktnähe verholfen werden kann. Durch die Integration der unmittelbaren Marktpartner kann die Rationalisierung gesteigert und der eigene Marktanteil erhalten und sogar ausgebaut werden.[281]

Die Analysen und Auswertungen, die hier erwähnt und betrachtet wurden, sollten im Prinzip für alle operative Einheiten möglich sein, man muß auch hier sicherlich einschränken, inwieweit z.B. die Auswirkungen einer Aktion auf ein Lager interessant sind. Zudem muß es allerdings möglich sein, konsolidierte Analysen über mehrere operative Einheiten zu definieren und zu erstellen.[282]

3.6.2 Operatives Handelsmanagement

Die Auswertungen und Analysen des Handelscontrolling werden unter anderem dem operativen Handelsmanagement für die Entscheidungsunterstützung zur Verfügung gestellt, z.B. statistische, quantitative Maßgrößen wie Umsatz, Marktanteil, Deckungsbeitrag, Kosten, Erlöse usw.[283]

Diese Informationen dienen dem operativen Handelsmanagement zur Ausschöpfung vorhandener Geschäftsfelder und nach Ahlert vor allem folgenden Aufgabenkomplexen:[284]

- *Die Sicherstellung einer rationellen Abwicklung des „täglichen Geschäftes"*
  Das Umsatzpotential soll möglichst reibungslos ausgeschöpft, die Warenlogistik, der Personaleinsatz etc. möglichst kostengünstig bewerkstelligt und die Kapitalbindung minimiert werden usw.
- *Die Perfektionierung der Arbeitsabläufe im Rahmen eines im wesentlichen unveränderbaren Betreibungskonzeptes*
  Als Beispiele können hier die Festlegung von Höchst- und Mindestbestandsmengen je Artikel, von Kalkulationsaufschlägen und von Preisabschriften im Saisonverlauf genannt werden.

281 Vgl. Grisar (1994), S. 105.
282 Vgl. Hertel (1992), S. 251.
283 Vgl. Ahlert (1994), S. 84.
284 Vgl. Ahlert (1994), S. 83f.

- *Die laufende Anpassung des Betreibungskonzeptes, vor allem durch den Einsatz der marktpolitischen Instrumente, jedoch innerhalb einer vorgegebenen strategischen Leitlinie*
  Hier geht es um Listungsentscheidungen, um die Feinsteuerung der Preishöhe und der Konditionen, die Entscheidungen über die konkrete Warenplazierung, die Regaloptimierung usw.

3.6.3 Strategisches Handelsmanagement

Für das strategische Handelsmanagement sind eher qualitative Informationen wie wahrgenommene Eignungsdefizite, Einkaufsstättenimage, Marktadäquanz, Marktpotentiale, Kundenzufriedenheit usw. von Interesse. Solche Informationen sind nicht unbedingt aus dem operativen Geschäft zu gewinnen, sondern müssen zum Teil durch Sonderuntersuchungen wie Positionierungs-, Portfolio-, interne und externe Erfolgsforschungsanalysen erhoben und sollten vom Handelscontrolling zu Verfügung gestellt und aufbereitet werden.[285]

Die Aufgabe des strategischen Handelsmanagement ist der Vorstoß in neue Betätigungsfelder wie z.B.:[286]

- neue Standorte
- neue Zielgruppen auf der Seite der Lieferanten und/oder Kunden
- neue Branchen bzw. Sortimentsbereiche
- neue Funktionskomplexe
- neue Technologien
- neue Formen des Marktauftritts

285 Vgl. Ahlert (1994), S. 84f.
286 Vgl. Ahlert (1994), S. 83.

4 Unterschiede WWS des Handels zu Informationssystemen der Industrie

Handelsunternehmen, „deren wirtschaftliche Tätigkeit hauptsächlich dem Einkauf und Verkauf von Waren und nicht der Produktion von Gütern zuzurechnen ist, weisen andere Organisationsstrukturen und Prozesse als Industrieunternehmen auf"[287]. Solche Unterschiede schlagen sich u.a. in den Informationssystemen nieder, z.B. in der Mehrstufigkeit der logistischen Prozesse.[288]

Ein Vergleich von WWS des Handels und Informationssystemen der Industrie scheint auf dem ersten Blick sehr willkürlich zu sein, jedoch erkennt man bei näherer Betrachtung, daß sich beide Systeme in vielen Bereichen gleichen oder zumindest große Ähnlichkeiten aufweisen. Das bestätigt auch die Tatsache, daß ein Handel auch in der Industrie in gewisser Weise vollzogen wird. In der Literatur gibt es die Unterscheidung in funktionalen und institutionalen Handel.[289] Der funktionale Handel ist die Distribution der Industrieunternehmen an Zweite. Der institutionale Handel ist ein Unternehmen, daß ausschließlich Handel betreibt. Es ergeben sich aus diesem Kontext drei Erscheinungsformen des Handels:[290]

- **Handel zwischen Produktionsbetrieben**
  (z.B. der Aufkauf von Landwirtschaftsprodukten durch Genossenschaften)
- **Produktionsverbindungshandel**
  (z.B. der Werkstoffhandel)
- **Fertigfabrikatehandel von Endproduzenten zum Verbraucher**
  (z.B. Produktions- oder Konsumgüterhandel)

Vor allem im Bereich des Fertigfabrikatehandels wird der institutionale Handel, d.h. Handelsbetriebe, eingeschaltet. Hier vor allem im Konsumgüterhandel, da ein hoher Grad der Dezentralisierung des Absatzes vorliegt; bei Handwerksbetrieben hingegen wird noch im hohen Maße ein direkter Absatz vorgenommen.[291]

Da sowohl der Handel als auch die Industrie Handel betreiben, können deren Aufbau- und Ablauforganisationen, und nicht zuletzt deren Informationssysteme, durchaus verglichen werden.

---

287 Schütte (1995), S. 1.
288 Vgl. Schütte (1995), S. 1.
289 Vgl. Barth (1993), S. 1f.
290 Vgl. Barth (1993), S. 2.
291 Ebenda.

Auch der Aspekt der Integration, der betriebswirtschaftlichen und DV-technischen Niederschlag sowohl im Handel als auch in der Industrie hat, bestätigt einen solchen Vergleich. Auf der einen Seite gibt es die CIM-Konzepte[292] in IS der Industrie und auf der anderen Seite gibt es integrierte WWS des Handels[293]. Bei CIM-Konzepten „werden Daten, die während der Konstruktion eines Erzeugnisses am Bildschirm anfallen, u.a. zum Aufbau der Stücklisten und Arbeitspläne sowie zur Steuerung von Werkzeugmaschinen benutzt“[294], wobei der durchgängige Informationsfluß in den Vordergrund gestellt wird[295]. Bei beiden Systemen wird durch eine anwendungsunabhängige Datenorganisation versucht, ablauforganisatorisch auf das Unternehmen einzuwirken und durch kleine Regelkreise möglichst schnell Abweichungen von Soll-/Istvergleichen zu erkennen und korrigierend einzugreifen.[296]

Inwieweit sich die Informationssysteme und auch die Aufbau- und Ablauforganisation unterscheiden, soll im folgenden dargestellt werden. Es wird eine beispielhafte Betrachtung durchgeführt, d.h. die wesentlichen Unterschiede werden herausgearbeitet. Es wird an einigen Stellen die Standardsoftware SAP R/3 als Beispiel herangezogen, da aus der Industrielösung SAP R/3 das WWS SAP R/3 Retail erarbeitet wurde, d.h. einige Module wurden z.T. übernommen bzw. teilweise modifiziert, während andere Module komplett hinzukamen.

4.1 Vorgehensweise

Im Handel stellen besonders zwei Bereiche eine Eigenart gegenüber der Industrie dar. Erstens ist eine Mehrstufigkeit im Handel in einem höheren Maße als in der Industrie vorzufinden, d.h. kleinere Verkaufseinheiten wie Filialen existieren in der Industrie überhaupt nicht oder nur in einem geringen Maße. Zweitens ist auch die Mengenproblematik bzw. die besonders hohen Transaktionszahlen, d.h. die Wiederholhäufigkeit von Tätigkeiten, eine Spezifika des Handels. Beispielsweise stellen im Fall der Rechnungserfassung und -prüfung 100.000 Rechnungen/Monat für mittelständische Handelsunternehmen keine Seltenheit dar.[297] Beide Unterschiede sind in allen Funktionsbereichen des Handels wiederzufinden, so daß sie auch in jeder Betrachtung von Unterschieden in den Funktionsbereichen separat behandelt werden.

292 Vgl. Becker, Rosemann (1993), S. 12-23.
293 Siehe komplettes Kapitel 3 und insbesondere Definition von WWS.
294 Mertens (1988), S. 2.
295 Vgl. Jacob, Becker, Krcmar (1991), S. 1.
296 Vgl. Gröner (1991), S. 25.
297 Vgl. Schütte (1995), S. 3.

Vergleicht man die Kapitel der Funktionsbereiche bei den Anforderungen an ein WWS mit den hier dargestellten Unterschieden, so fällt auf, daß sowohl die Stammdaten als auch das Management-Informationssystem nicht als eigene Bereiche aufgeführt werden. Sie werden unter sonstige Unterschiede behandelt, da hier die Unterschiede recht gering sind. Die Funktionsbereiche Einkauf, Verkauf und Warenlogistik werden hingegen in gleicher Reihenfolge, wie bei den Anforderungen an WWS,[298] betrachtet. Dadurch wird der Vergleich, durch die Gleichheit der Gliederung, besonders vereinfacht.

Der Funktionsbereich Produktion in der Industrie ist in Handelsunternehmen nicht wiederzufinden. Der Handel führt außer Sortierung, Mischung, Verpackung usw. keine transformatorischen Prozesse durch, so daß lediglich bei der Zusammenstellung von mehreren Artikeln zu einem neuen Artikel, z.B. Tasse, Untertasse und Teller werden zu einem „Gedeck“, von einer „Produktion“ im Handel die Rede sein könnte. Die eigentliche Wertschöpfung des Handelsbetriebes ist jedoch „nicht verwendungsreife Sachleistungen der Industrie durch Umhüllung mit handelsspezifischen Dienstleistungen einer werterhöhenden Konsumeignung zuzuführen“[299]. Das Handelsunternehmen ist somit ein Dienstleistungsbetrieb, daß durch Planungsautonomie und dem Marktrisiko nach einem erwerbswirtschaftlichen Prinzip handelt.[300]

4.2 Einkauf

Der Funktionsbereich Einkauf, mit den Teilfunktionen Lieferantenverwaltung, Einkaufskonditionen, Einkaufsbündelung, Bonusabrechnung und Rechnungsprüfung, ist in der Industrie in etwa vergleichbar mit dem des Handels. Unterschiede liegen vor allem in der Mehrstufigkeit und der Mengenproblematik, als Spezifika des Handels, und in der Ausgestaltung der Teilfunktionen.

4.2.1 Mehrstufigkeit des Handels im Einkauf

Die Mehrstufigkeit des Handels ist im Funktionsbereich Einkauf von besonderer Bedeutung. Vor allem in den Teilfunktionen Lieferantenverwaltung und Einkaufskonditionen kann sich das WWS des Handels wesentlich komplexer als das IS der Industrie darstellen. Während in der Industrie zum größten Teil externe Lieferanten gegeben sind, kann eine Belieferung im Handel von internen Lieferanten, d.h. Teil-

298 Vgl. Kapitel 3.4.2 bis 3.4.4.
299 Barth (1993), S. 2.
300 Vgl. Barth (1993), S. 2.

bereiche des gleichen Unternehmens, vollzogen werden. Die Filiale eines Handelsunternehmens kann Artikel direkt bei einem Lieferanten bestellen, z.B. Bestellungen von verderblichen Waren bei Lieferanten „vor Ort“. Außerdem werden Bestellungen bei einer Zentrale oder einem Zentrallager aufgegeben, bei der die Lieferung von den entsprechenden Lägern, oder über Streckenlieferung direkt vom Hersteller, erfolgt. Somit müssen sowohl die internen als auch die externen Lieferanten mit dem WWS verwaltet und beurteilt werden können. Zudem müssen beide verglichen werden können, um den Günstigsten zu ermitteln.[301]

Die Einkaufskonditionen müssen, wie bei der Lieferantenverwaltung, sowohl für externe als auch für interne Lieferanten gepflegt werden. Bei der Lieferantenauswahl in der Lieferantenverwaltung und bei den Einkaufskonditionen muß allerdings berücksichtigt werden, daß bei den meisten Fällen der interne Lieferant aus unternehmenspolitischen Gründen gewählt wird. Handelt es sich um selbständige Filialen, die sich zu einem Verbund zusammengeschlossen haben, kann dieser Aspekt unbedeutend sein.

4.2.2 Mengenproblematik des Handels im Einkauf

Der Einkauf des Handels ist, bedingt durch die Mengenproblematik des Handels, z.T. wesentlich umfangreicher, aber vor allem wesentlich zeitintensiver als in der Industrie. Die Industrie kauft Materialien ein, die erst die Wertschöpfungskette der Produktion durchlaufen müssen, bevor sie letztendlich in einem Produkt zum Verkauf bereitstehen. Der Handel hingegen kauft Artikel ein, die dem Verkauf direkt oder mit einer geringen Verzögerung[302] zur Verfügung stehen. Der Handel erzielt dadurch eine sehr geringe Umschlagsdauer[303], so daß die Artikel, wenn sie sehr schnell verkauft werden, auch entsprechend schnell wiederbeschafft werden müssen.

Der Einkauf des Handels kennzeichnet sich somit durch ein besonders hohes Mengenaufkommen aus, was ein WWS des Handels, durch vereinfachte Massendatenpflege, unterstützen sollte.

---

301 Vgl. hierzu Kapitel 3.4.2.1 Lieferantenverwaltung.

302 Verzögerungen können z.B. durch Um- und Verpacken entstehen.

303 Die Umschlagsdauer ist die Kennzahl über die Zeitspanne, die von der Verfügbarkeit eines Produktes bis zur Umsatzerzielung benötigt wird. Vgl. hierzu Gabler (1993), S. 3345.

4.2.3 Teilbereiche des Einkaufs

Im folgenden werden die Teilbereiche des Einkaufs auf Unterschiede der beiden betrachteten Systeme näher untersucht. Die Unterschiede, die sich bereits aus der Mehrstufigkeit und der Mengenproblematik ergaben, werden nicht nochmals aufgegriffen.

4.2.3.1 Lieferantenverwaltung

Die Lieferantenverwaltung eines IS der Industrie und die eines WWS des Handels sind im wesentlichen gleich. Unterschiede sind zum einen die oben dargestellte Mehrstufigkeit bei der Lieferantenverwaltung im Handel, aber auch die Heterogenität der Lieferanten in der Industrie. Es kann in der Industrie zwar ebenfalls zwischen internen und externen Lieferanten unterschieden werden, jedoch stellt der Einkauf bei externen Lieferanten den Normalfall dar. Ein Fall für einen internen Lieferanten in der Industrie stellt z.B. der Materiallieferant Getriebewerk dar, der Getriebe für die Endmontage von Pkws liefert.[304] Bei einer solchen funktionalen Trennung könnte man ebenfalls von einer „Mehrstufigkeit" der Industrie sprechen, wobei die verschiedenen Werke als operative Einheiten betrachtet werden könnten.

Die Heterogenität der Lieferanten in der Industrie bedeutet, daß sie in ihrer Größe und ihrem Materialangebot sehr unterschiedlich sein können. Es gibt Roh-, Hilfs- und Betriebsstofflieferanten, die von einem „kleinen" Holzlieferant vor Ort, bis zu einem weltweit agierenden Verpackungslieferanten reichen. Die Bedeutung für die Unterschiede der IS ist jedoch gering, weil sowohl im Handel als auch in der Industrie weltweit agierende Lieferanten auftreten können, und beide Systeme die Verwaltung von solch kompliziert strukturierten Lieferanten unterstützen müssen.

4.2.3.2 Einkaufskonditionen

Eine besondere Eigenart der Industrie stellt der große Anteil an Rahmenverträge im Einkauf dar.[305] Die Industrie schließt zum Teil Rahmenverträge über ganze Lebenszyklen von Produkten ab. So ist es in der Automobilindustrie durchaus üblich, daß ein Teil von einem Lieferanten, speziell für eine Modellreihe, entworfen und produziert wird, und der Fahrzeughersteller auf der anderen Seite die Abnahme dieses Teiles für den gesamten Lebenszyklus des Autos garantiert. Für das IS der

304 Bei der Mercedes-Benz AG stellt das Getriebewerk einen separaten Funktionsbereich zur Endmontage dar. Das Getriebewerk liefert an das Endmontagewerk, und könnte wiederum auch an andere Fahrzeughersteller Getriebe liefern.

305 Vgl. Rauh (1990), S. 284.

Industrie bedeutet das eine ausgeprägte Verwaltungsfunktion von Rahmenverträgen in der Teilfunktion Einkaufskonditionen.[306] Konsequenzen sind zum einen in der Disposition zu finden, Rahmenverträge können z.T. nicht umgangen werden, und zum anderen müssen Rahmenverträge bei der Lieferantenauswahl berücksichtigt werden.

Die im dritten Kapitel dargestellte Variantenvielfalt von Einkaufskonditionen in WWS ist auch in IS der Industrie wiederzufinden. Beide Systeme müssen, die zum Teil sehr komplizierten Konditionsstrukturen, abbilden können, was in der Standardsoftware SAP R/3 sowohl in der Industrielösung als auch im WWS vollzogen wurde.[307]

4.2.3.3 Einkaufsbündelung

Die Einkaufsbündelung des Handels führt zu erheblichen Konditionsverbesserungen. Zum einen gibt es die Einkaufsverbände, bei denen sich mehrere Unternehmen zu einem Einkaufsverband zusammenschließen und zum anderen gibt es Zentralen, Zentral- und Regionalläger, die Einkaufskonditionen vor allem für Filialen verbessern. Eine Extremform der Belieferung durch Zentralläger stellen Transit-Terminals dar, in denen ankommende Lieferungen direkt kommissioniert und an Filialen weitergeleitet werden, so daß Filialen praktisch nur von einer Stelle beziehen.[308] In der Industrie sind solche Formen der Einkaufsbündelung kaum zu erkennen. Meistens werden Bündelungen nur im Rahmen der eigenen Unternehmung vorgenommen, d.h. Einkaufsverbände o.ä. sind nicht anzutreffen.

4.2.3.4 Bonusabrechung

Die Bonusabrechnung stellt eine Eigenart des Handels dar, und ist somit hauptsächlich in WWS wiederzufinden.[309] Der Bonus als die nachträglich abzurechnende Vereinbarung, wird in der Industrie kaum verwendet, jedoch sollte auch ein IS der Industrie eine solche Abrechnung ermöglichen. In der Bonusabrechnung sollten sich die Systeme nicht unterscheiden, wohl aber in der Anzahl solch anfallender Abrechnungen, die im Handel sicherlich auch weiterhin erheblich höher sein wird.

---

306 Vgl. zu Rahmenverträge SAP AG (1993), S. „5-10“f.
307 Vgl. SAP AG (1995), S. „4-17“ bis „4-20“; SAP AG (1993), S. „3-14“f.
308 Vgl. Zentes, Exner, Braune-Krickau (1989), S. 114.
309 Vgl. SAP AG (1995), S. „4-20“.

4.2.3.5 Rechnungsprüfung

Da die oben aufgezeigte Mengenproblematik des Handels im Einkauf zu einer hohen Anzahl von Einkäufen führt, ist auch in der Rechnungsprüfung ein hohes Aufkommen von Rechnungen zu beobachten. Dieser Aspekt wurde ebenfalls schon im dritten Kapitel der Arbeit erläutert, und zeigte ein Beispiel der Automation in der Rechnungsprüfung aus der Praxis. Im Gegensatz zum Handel spielt die Automation der Rechnungsprüfung in der Industrie eine nicht so erhebliche Rolle, da das Rechnungsaufkommen erheblich geringer ist. Jedoch liefert eine solche Automation erhebliche Rationalisierungspotentiale, die auch ein IS der Industrie bieten sollte. Die Rechnungsprüfungen der beiden Systeme unterscheiden sich, bis auf die dargestellte vereinfachende Massendatenpflege im Handel, im wesentlichen nicht.[310]

4.3 Verkauf

Der Funktionsbereich Verkauf der Industrie ist in weiten Teilen vergleichbar mit dem des Handels. Als typische Aufgabenbereiche des Verkaufs der Industrie sind Angebotsbearbeitung, Auftragsbearbeitung und -verwaltung, Auslieferung und Auftragsabrechnung bzw. Fakturierung zu nennen.[311] Verglichen mit Teilfunktionen eines WWS fällt auf, daß vor allem die Angebotsbearbeitung eine Eigenart der Industrie darstellt. Desweiteren ist die Auslieferung, bei der in dieser Arbeit vorgenommenen Gliederung, der Warenlogistik zuzuordnen, dessen Begründung bereits an gegebener Stelle erfolgte. Inwieweit sich die Teilfunktionen unterscheiden wird nach der Betrachtung der Mehrstufigkeit und der Mengenproblematik des Handels für den Funktionsbereich Verkauf erfolgen.

4.3.1 Mehrstufigkeit des Handels im Verkauf

Gerade die Mehrstufigkeit des Handels sorgt bei der Ausgestaltung des Verkaufs für Unterschiede zu IS der Industrie. Das dritte Kapitel zeigte bereits, daß der Verkauf im Handel auf Zentralebene, Lagerebene und Filialebene erfolgen kann. In der Industrie hingegen wird er zum großen Teil zentralisiert vorgenommen. Verkaufsstätten, wie Filialen im Handel, sind in der Regel nicht vorzufinden. Eine Ausnahme stellt sicherlich der Vertrieb der Automobilindustrie dar, bei dem selb-

---

310 Vgl. SAP AG (1995), S. „5-29" bis „5-35"; SAP AG (1993), S. „8-1" bis „8-11"; Scheer (1994), S. 431-433.

311 Vgl. Schweitzer (1994), 1002-1007; Rauh (1990), S. 327-333. Rauh verwendet für Angebotserstellung den Begriff Anfragebearbeitung, für Auslieferung den Begriff Versand und für Auftragsabrechnung den Begriff Fakturierung.

ständige Händler im Namen der Autohersteller verkaufen. Die Verkaufsrechte sind aufgrund einer „Gruppenfreistellungsverordnung" exklusiv, d.h. ein Händler verkauft nur eine Marke. Aber auch diese Sonderverordnung wird durch einen Beschluß der EU-Kommission ab Oktober 1995 aufgehoben, so daß ein Händler auch mehrere Marken verkaufen kann.[312] Der Verkauf in IS der Industrie muß keine, oder wie gezeigt nur in Ausnahmen, Schnittstellen zu Filialsystemen bieten, bzw. der Einsatz von POS-Systemen in Filialen liegt bei der Industrie nicht vor. Die POS-Abwicklung kommt nur im Falle des Werksverkaufs zur Geltung, d.h. wenn der Verkauf ab Werk von einem Industriebetrieb durchgeführt wird.[313]

Der Handel hingegen muß im Verkauf alle Stufen berücksichtigen. Als Beispiele wäre hier die Verkaufspreiskalkulation genannt. Diese muß über alle Stufen erfolgen, d.h. jede Stufe hat ihren entsprechenden Verkaufspreis für die zu verkaufenden bzw. abzugebenden Artikel. Eine Zentrale, die Artikel an Franchise-Nehmer verkauft, hat einen Preis für die zu verkaufenden Artikel. Genauso hat ein Lager, daß Artikel an Filialen oder andere Abnehmer weiterleitet, einen sogenannten Lagerabgabepreis, ob für unternehmensinterne Verrechnung oder zur externen Verrechnung. Und nicht zuletzt hat eine Filiale eine Verkaufspreiskalkulation, die z.B. auf dem Lagerabgabepreis des vorgelagerten Lagers aufbaut oder auf die von der Zentrale organisierten Streckenlieferung.

4.3.2 Mengenproblematik des Handels im Verkauf

Die Mengenproblematik, d.h. das besonders hohe Aufkommen von Artikeln, des Handels spielt auch im Verkauf eine nicht unbedeutende Rolle. Wenn im Handel, und vor allem im filialisierenden Einzelhandel, mehrere 1000 Artikel/Tag verkauft werden, muß das Informationssystem des Handels (WWS), gegenüber dem Informationssystem der Industrie, erhebliche Vereinfachungen zur Verkaufsabwicklung zur Verfügung stellen. Die Anbindung externer POS-Systeme mit entsprechenden Scannern sei hier nur als ein Beispiel genannt.[314]

---

312 Vgl. Umstrukturierung im Vertrieb der Automobilindustrie mit Schlecht beraten (1995), S. 86-93.

313 Vgl. Hersteller werden Händler (1995), S. 30-32.

314 Vgl. zur Anbindung von POS-Systemen im Handel Kapitel 3.4.3.2.

4.3.3 Teilbereiche des Verkaufs

Im folgenden werden die Teilbereiche des Verkaufs auf Unterschiede zwischen den untersuchten Systemen näher betrachtet. Auch hier werden die Unterschiede, die sich bereits aus der Mehrstufigkeit und der Mengenproblematik ergaben, nicht ein weiteres Mal untersucht.

4.3.3.1 Auftragsabwicklung

Die eigentliche Auftragsbearbeitung der Industrie ist in weiten Teilen mit der des Handels ähnlich. Ein wesentlicher Unterschied stellt allerdings die Schnittstelle der Auftragsbearbeitung zur Produktion dar. Zum einen wird bei der Verfügbarkeitsprüfung, auch die Fertigungssteuerung und -planung auf verfügbare Materialien geprüft, und zum anderen werden erteilte Aufträge durch den Kunden zum Teil auch in Konstruktionsaufträge der Fertigung umgewandelt.[315]

Die Angebotserstellung als Teil der Auftragsabwicklung ist in der Industrie wesentlich ausgeprägter als im Handel. Der Handel, vor allem der filialisierende Einzelhandel, betreibt in der Auftragsabwicklung in der Regel höchstens die Auftragsverwaltung und dessen Durchführung, wohingegen in der Industrie, vor allem bei Auftragsfertigern, die Angebotserstellung und auch deren Verfolgung hinzukommt. Außerdem ist die Auftragssteuerung der Industrie mit der Produktionsplanung und -steuerung (PPS) verbunden, die es im Handel nicht gibt.[316] Beim Erstellen von Angeboten muß das Informationssystem der Industrie u.a. eine Kosten-Vorkalkulation und eine Lieferterminierung ermöglichen.[317] Desweiteren muß die Eingabe eines Gültigkeitsdatums, die Beschreibung des Materials durch Textpositionen anstelle von Materialnummern und die Angabe von Alternativpositionen möglich sein.[318]

Bei Scheer werden in diesem Zusammenhang die Auftragstypen der Industrie nach Terminauftrag, Barverkauf, Niederlassungsauftrag, Konsignationslagerauftrag, Streckenauftrag und Abrufauftrag unterschieden.[319] Vor allem der Konsignationslagerauftrag bzw. die Konsignationslagerauffüllung und -entnahme ist eine Eigenart der Industrie. Dabei wird Konsignationsware einem Kunden ohne Berechnung in dessen Konsignationslager zur Verfügung gestellt. Die Entnahmen aus dem Konsignationslager beim Kunden werden dem Lieferanten in regelmäßigen Zeitabständen

---

315 Vgl. Schweitzer (1994), S. 1004-1006; Standardsoftware SAP R/3.

316 Vgl. Scheer (1994), S. 441; siehe zur Produktion als Eigenart der Industrie Kapitel 4.6.3.

317 Vgl. Schweitzer (1994), S. 1002f.

318 Vgl. SAP AG (1994), S. „6-2“f.

319 Vgl. Scheer (1994), S. 442f.

gemeldet und entsprechend abgerechnet. Die nicht entnommene Ware kann dem Lieferanten zurückgeliefert werden. Eine Auffüllung erfolgt bei entsprechender Bedarfsmeldung.[320]

Die anderen Auftragstypen müssen sowohl vom WWS des Handels als auch vom IS der Industrie abwickelbar sein. Die Unterschiede liegen vor allem in den Schwerpunkten der beiden Unternehmensarten. Im Industriebetrieb stellt der Terminauftrag den Regelfall dar und Barverkäufe werden beispielsweise relativ selten getätigt. Der Handel hingegen wickelt, vor allem im filialisierenden Einzelhandel, aber auch im Großhandel, den größten Teil über Barverkäufe ab, eine Auftragsabwicklung mit Terminauftrag wird hingegen nur in den seltensten Fällen durchgeführt.

Ein weiterer Unterschied zwischen den beiden Systemen liegt in der Weiterverarbeitung eines Auftrages nach Auftragsbestätigung. In der Industrie kommt es nach der Bestätigung entweder zum Beschaffungsauftrag, wenn das Unternehmen als Händler fungiert und lediglich Fertig- und Handelsware zukauft, oder zur Reservierung von Produkten bzw. der Anlage eines Produktionsauftrages.[321] Beim Handel erfolgt lediglich ein Beschaffungsauftrag und auch nur, wenn die entsprechenden Artikel am Lager nicht verfügbar sind.

Das IS der Industrie muß außerdem die Suche nach Substitutionsartikeln ermöglichen, d.h. wenn ein Produkt nachgefragt wird, das eine Sonderanfertigung darstellen würde, muß im Produktionsprogramm nach möglichen Standardartikeln gesucht werden, die eine solche Sonderanfertigung überflüssig machen würden.[322]

Bei Auftragsfertigern der Industrie ist bei der Auftragsannahme und -steuerung häufig keine Artikelnummer und keine genaue Bezeichnung bekannt, vielmehr nur eine technische Spezifikation.[323] Das Informationssystem der Industrie muß somit eine Anlage eines Auftrages ohne genaue Artikelnummer, und auch die Neuanlage eines Artikels in diesem Bereich, muß möglich sein. Zudem muß es eine Schnittstelle zur PPS geben und schließlich muß die Erzeugung eines kompletten Projektmanagement für einen Auftrag machbar sein.[324] Der komplette Bereich der Auftragsabwicklung bei Auftragsfertigung stellt einen Unterschied von IS der Industrie zu WWS des Handels dar.

---

320 Vgl. zum Konsignationsgeschäft SAP AG (1994), S. „4-7"; Scheer (1994), S. 442f.
321 Vgl. Scheer (1994), S. 449f. u. 454f.
322 Vgl. Jacob (1990), S. 551f.
323 Vgl. Scheer (1994), S. 451.
324 Vgl. Scheer (1994), S. 455-458.

Wie oben bereits angemerkt, ist im Handel nur selten eine Angebotsbearbeitung vorzufinden. Das Informationssystem der Industrie hingegen muß eine solche Angebots- bzw. Anfragebearbeitung besonders unterstützen, da sie in der Industrie sehr häufig vorzufinden ist.

4.3.3.2 Fakturierung und Rechnungsstellung am POS

Sowohl in der Industrie als auch im Handel bezieht sich die Fakturierung auf getätigte Aufträge, bzw. die Basis für die Fakturierung stellt der Lieferschein dar.[325] Es gibt vier verschiedene Ausprägungen der Fakturierung:[326]

- automatische Fakturierung nach Auftragsabwicklung
- Fakturierung aller Lieferungen am Monatsende
- Fakturierung für jede Auslieferung
- alle Teillieferungen einer Auslieferung, die zu einem Auftrag gehören, werden in einer Rechnung fakturiert

Gerade in der Industrie kommt der Fall vor, daß ein Auftrag, der in mehreren Lieferungen erfolgt, auch zu mehreren Fakturen führt, weil sich die Aufträge produktionsbedingt über eine längere Zeit erstrecken können, z.B. Aufträge im Investitionsgüterbereich.

Desweiteren greift die Fakturierung im Handel auf größtenteils bekannte Konditionen zurück, während bei einem Auftragsfertiger der Industrie oftmals eine individuelle Preisermittlung erfolgt.[327]

Außerdem ist die direkte Rechnungsstellung am POS, wie sie bei den Anforderungen an ein WWS dargestellt wurde, eine Eigenart des Handels. Eine solche Anbindung von externen Kassensystemen ist in der Industrie sehr selten vorzufinden. Eine Ausnahme ist der Direktverkauf oder Personalkauf eines Industrieunternehmen, bei dem ebenfalls Kassen eingesetzt werden können.

4.3.3.3 Sortimentsgestaltung

Während im Handel von Sortimenten gesprochen wird, hat sich in der Industrie der Begriff Produktionsprogramm durchgesetzt. Im Handel ist der Trend zur Sortimentsdiversifizierung, d.h. es gibt kaum traditionell geschlossene Branchengrenzen,

---

325 Vgl. Scheer (1994), S. 461.
326 Vgl. Rauh (1990), S. 333; SAP AG (1994), S. „8-4".
327 Vgl. SAP AG (1994), S. „8-3"f.

zu erkennen und in der Industrie wird die Rückführung zu Kernkompetenzen propagiert.[328]

In der Industrie unterscheidet man Vorratsfertiger und Auftragsfertiger.[329] Die Vorratsfertiger haben ein vorher festgelegtes Produktionsprogramm, während die Auftragsfertiger gewisse Basisprodukte haben, die zusammen mit Einzelanfertigungen zu einem Endprodukt montiert werden. Das heißt für das IS eines Industriebetriebes in der Teilfunktion Sortimentsgestaltung ein sehr umfangreiches, zum Teil nur durch technische Spezifizierungen beschriebenes, Sortiment.

4.3.3.4 Etikettierung

Die Etikettierung bzw. die Regaletikettierung, wie sie bei den Anforderungen an ein WWS dargestellt wurde, ist in der Form in der Industrie nicht vorzufinden. Eine Ausnahme wäre auch hier gegeben, wenn der Industriebetrieb Werks- oder Personalverkauf durchführen würde. Die Etikettierung der Ware bzw. der Regale wäre notwendig, wenn für diese Verkäufe ein Verkaufsraum zur Präsentation, bei dem Preise erkennbar sein sollen, zur Verfügung gestellt würde. Die im gleichen Kapitel angesprochene Herstellervorauszeichnung der Artikel mit EAN und Strichcode sollte vom Industrieunternehmen erfolgen. Die Auszeichnung ist auf Verpackungen gedruckt, die vom verpackenden Unternehmen, dem Hersteller- bzw. Industriebetrieb, vorzunehmen ist. Das IS der Industrie muß eine Verwaltung der EAN und der Strichcodes ermöglichen.

4.3.3.5 Verkaufspreiskalkulation

Die Verkaufspreiskalkulation muß sowohl vom WWS des Handels als auch von Informationssystemen der Industrie unterstützt werden. Ein Unterschied in beiden Kalkulationen liegt darin, daß der Handel für den zu verkaufenden Artikel einen Einkaufspreis vorliegen hat und den Verkaufspreis durch den Aufschlag einer Handelsspanne ermitteln kann.

Die Industrie hingegen erzeugt in den meisten Fällen[330] aus mehreren Materialien, unter zur Hilfenahme von Betriebsstoffen und Personaleinsatz, ein neues Produkt. Die Verkaufspreiskalkulation der Industrie ist somit wesentlich komplexer als die

328 Vgl. Barth (1993), S. 66f.

329 Vgl. Rauh (1990), S. 323f.

330 Eine Ausnahme wäre auch hier gegeben, wenn der Industriebetrieb fertige Produkte einkauft und sie in unveränderter Form verkauft. In diesem Fall würde er als Händler agieren.

des Handels. Das IS muß, in Verbindung mit der Kostenrechnung, die Herstellungskosten von Produkten ermitteln, um mit einem Zuschlag zum Verkaufspreis zu gelangen. Die Herstellungskosten sind Material- und Fertigungseinzelkosten, Sonderkosten der Fertigung, Material- und Fertigungsgemeinkosten, Werteverzehr des Anlagevermögens, Kosten der allgemeinen Verwaltung, Betriebsaufwendungen und Vertriebskosten.[331] Die Kostenrechnung muß die Herstellungskosten ermitteln und dem Teilbereich Verkauf zur Ermittlung des Verkaufspreises zur Verfügung stellen. Das IS der Industrie muß dazu die Verbindung von der Kostenrechnung zum Verkauf und umgekehrt gewährleisten.

Auch im Handel gibt es zum Teil sehr komplexe Preisfindungskonzepte, wie es Kapitel 3.4.3.5 Verkaufspreiskalkulation bereits gezeigt hat. Im Gegensatz zur Industrie wird jedoch in den meisten Fällen die recht einfache Zuschlagskalkulation verwendet, bei der ausgehend vom Einkaufspreis, Addition von Lager- und Handlungskosten sowie Betriebsgewinn, Versandkosten , Steuern und Zölle, der Verkaufspreis ermittelt wird.

4.3.3.6 Aktionen

Aktionen, und im besonderen Sonderpreisaktionen und Sonderangebote, wie sie im vorangegangenen Kapitel dieser Arbeit dargestellt wurden, sind in der Industrie kaum vorzufinden. Ausnahmen können sogenannte Mailing-Aktionen[332] sein, bei denen versucht wird, durch besonders günstige Konditionen, Restposten[333], Ladenhüter[334] und zu hohe Bestände zu verkaufen, die von einem IS der Industrie zu verwalten sind.

---

331 Für eine genaue Erläuterung der Herstellungskosten sei auf entsprechende Literatur verwiesen. Vgl. Wöhe (1990), S. 1052-1054; Schweitzer (1994), S. 419; Heinen (1991), S. 1397f.; u.a.

332 Unter Mailing-Aktion wird das Versenden von Produktinformationen oder Werbegeschenken an potentielle Abnehmer verstanden. Vgl. hierzu SAP AG (1994), S. „5-7".

333 Unter Restposten wird der Rest von Lagerbeständen eines Artikels verstanden, der in näherer Zukunft aus dem Sortiment genommen wird, oder bereits nicht mehr Teil des Sortiments ist.

334 Ladenhüter sind die Artikel, die bereits lange eingelagert und besonders schwer zu verkaufen sind.

4.4 Warenlogistik

In der Warenlogistik resultieren, wie im Einkauf und Verkauf, Unterschiede zwischen dem WWS des Handels und IS der Industrie aus der Mehrstufigkeit und der Mengenproblematik des Handels. Weitere Unterschiede ergeben sich bei der Betrachtung der Teilfunktionen Disposition, Wareneingang, Lagerverwaltung, Warenausgang und Inventur.

4.4.1 Mehrstufigkeit des Handels in der Warenlogistik

Bedingt durch die Mehrstufigkeit des Handels zeigen sich bei den Wareneingängen Eigenarten des Handels. Eine Filiale kann, z.B. über eine Streckenlieferung, direkt von einem Hersteller, über eine Zentral-/Regionallagerlieferung von einem vorgelagerten Lager oder durch eine Umlieferung von einer anderen Filiale beliefert werden.[335] In der Industrie gibt es die Umlieferung von Filialen in dem Sinne nicht, es können höchstens Materialien oder auch Teile von anderen Werken bezogen werden, um entsprechende Engpässe zu überbrücken.

Desweiteren kann die Disposition im Handel zentral oder auf Filialebene erfolgen.[336] In der Industrie hingegen erfolgt die Disposition eher zentralisiert, d.h. die Bedarfsermittlung erfolgt zwar von untergeordneten Stellen und wird an eine zentrale Disposition weitergeleitet, um sie an den Lieferanten zu versenden. Die dezentrale Disposition wäre in der Industrie z.B. dann gegeben, wenn verschiedene Werke Teilbereiche eines Unternehmens darstellen und diese jeweils ihren Bedarf bei Lieferanten disponieren.

4.4.2 Mengenproblematik des Handels in der Warenlogistik

Im Bereich der Warenlogistik äußert sich die Mengenproblematik vor allem in der Disposition. In der Disposition werden Bestellungen erzeugt und an den Lieferanten versendet, was einen erheblichen Schreibaufwand bedeuten kann. So sind sogenannte Schnellerfassungsmöglichkeiten, wie sie beim WWS SAP R/3 Retail realisiert sind, von besonderer Hilfe. In einer Bildschirmmaske werden zur Erfassung einer Bestellung nur die wichtigsten Daten, wie Artikelnummer, Bestellmenge, Preis, Betrieb, der die Waren anfordert, sowie Lagerort, zu dem geliefert werden soll, angegeben, um somit möglichst viele Positionen auf einem Bild sehr schnell zu

---

335 Vgl. SAP AG (1995), S. „5-15“ bis „5-17“.

336 Vgl. SAP AG (1995), S. „5-2“.

erfassen.[337] Eine weitere Hilfe kann das WWS liefern, wenn es den Bezug auf eine bereits im System vorhandene Bestellanforderung ermöglicht.[338]

Ein zusätzlicher Unterschied, bedingt durch die Mengenproblematik, ergibt sich beim Wareneingang. Wie bereits beim Einkauf gezeigt wurde, ist die Anzahl der zu beschaffenden Materialien bzw. Artikel in der Industrie erheblich geringer als im Handel. Daraus resultiert ein wesentlich höheres Aufkommen im Wareneingang des Handels. Aus diesem Grund sind Qualitätsprüfungen, wie sie z.T. besonders intensiv in der Industrie betrieben werden, im Handel nicht zu realisieren. Vielmehr beschränkt man sich auf eine stichprobenartige Sichtkontrolle und verlagert die Qualitätsprüfung, durch vertragliche Vereinbarungen, in den Warenausgang der Hersteller. Das IS der Industrie muß somit eine sehr ausgeprägte Qualitätsprüfung sowohl im Wareneingang als auch im Warenausgang unterstützen.

4.4.3 Teilbereiche der Warenlogistik

Im folgenden werden die Teilbereiche der Warenlogistik auf Unterschiede zwischen Handel und Industrie näher betrachtet. Eine weitere Betrachtung von Unterschieden, die sich bereits durch die Mehrstufigkeit und der Mengenproblematik des Handels ergaben, wird nicht erfolgen.

4.4.3.1 Disposition

Die Aufgabe der Disposition in der Industrie ist es, „Material in der erforderlichen Menge nach vorgegebener Qualität zur erwünschten Zeit am richtigen Ort zu günstigen Kosten zu beschaffen"[339]. Insofern unterscheidet sich die Disposition der Industrie kaum von der des Handels, jedoch liegt ein Unterschied in der oben bereits dargestellten Mehrstufigkeit und Mengenproblematik der Disposition. Ein weiterer Unterschied liegt in der Art der zu disponierenden Materialien. Im Handel werden in der Regel Fertigerzeugnisse bzw. Artikel, sowohl für den Weiterverkauf als auch für den Eigenbedarf, disponiert. In der Industrie hingegen können die zu disponierenden Materialien Roh-, Hilfs- und Betriebsstoffe, Halb- und Fertigerzeugnisse und Handelswaren sein.[340]

Der Grund für die unterschiedlich zu disponierenden Materialien in der Industrie liegt darin, daß die Disposition der Industrie auch für die Produktion erfolgt. Es re-

337 Vgl. SAP AG (1995), S. „5-20".
338 Vgl. SAP AG (1995), S. „5-21".
339 Schweitzer (1994), S. 1012.
340 Vgl. Schweitzer (1994), S. 1010f.; Scheer (1994), S. 407f.

sultieren die zu beschaffenden Materialien nicht nur aus dem Verkauf, sondern auch aus der Bedarfsplanung der Fertigung bzw. aus den Fertigungsaufträgen.[341] Somit muß ein IS der Industrie eine Schnittstelle zur Produktion haben, die der Handel nicht benötigt.

Ein weiterer Aspekt, der aber in letzter Zeit an Bedeutung verliert, ist die JIT-Belieferung. Das WWS des Handels führt zu einer enormen Verbesserung der informatorischen Grundlage der Unternehmenspolitik. Sortimentsumfänge und Bestände können reduziert, und die Regalflächen- bzw. Verkaufsflächenaufteilung kann erheblich verbessert werden. Eine Verringerung der Bestellmengen und die Erhöhung der Bestell- und Belieferungsrhythmen führt zu einer JIT-Belieferung, wie sie in der Industrie bereits seit langem zu beobachten ist.[342]

Desweiteren muß man bei der Disposition der Industrie berücksichtigen, daß teilweise nur Abrufe von Materialien, zu vorher in Rahmenverträgen vereinbarten Konditionen, stattfinden, d.h. es wird nur noch die Menge der benötigten Materialien ermittelt und eine Lieferantenauswahl entfällt.[343] Solche Rahmenverträge stellen im Handel die Ausnahme dar, wie es bereits im Kapitel 3.2.3.2 Lieferantenverwaltung im Funktionsbereich Einkauf dargestellt wurde.

4.4.3.2 Wareneingang

Ein wesentlicher Unterschied des Wareneingangs der Industrie, gegenüber dem des Handels, liegt in der Wareneingangskontrolle. In der Industrie erfordern automatisierte Fertigungssysteme die strenge Einhaltung von Qualitätsstandards des Materials.[344] Im Handel hingegen wird eine Stichprobenkontrolle, oder nur eine Sichtkontrolle des Wareneingangs durchgeführt, und diese wird sogar teilweise durch eine vertraglich festgehaltene Warenausgangskontrolle der Industrie substituiert. Das IS der Industrie muß somit die Verwaltung von Materialien, die sich in der Qualitätsprüfung befinden, vornehmen und sie solange für eine Weiterverwendung sperren.[345]

Außerdem sind in der Industrie, bedingt durch die sehr unterschiedlichen zu disponierenden Materialien, extrem heterogene Wareneingänge zu beobachten. Die Konsequenz für das Informationssystem der Industrie ist, daß die Wareneingänge

341 Vgl. Scheer (1994), S. 421-425.
342 Vgl. hierzu Zentes, Exner, Braune-Krickau (1989), S. 112; Olbrich (1993), S. 205; Zentes (1988), S. 178.
343 Vgl. Rauh (1990), S. 285.
344 Vgl. Scheer (1994), S. 409.
345 Vgl. SAP AG (1993), S. „6-10“.

teilweise nicht durch MDE-Geräte, wie z.B. Scannern, erfaßt werden können, wie es im Handel der Fall ist, sondern manuell eingegeben werden müssen.[346] Das Informationssystem sollte deswegen dem Wareneingang, durch den Bezug auf Dispositionen, erhebliche Arbeitserleichterungen bieten.[347]

Das Umverpacken, Umpacken und Zusammenstellen beim Wareneingang des Handels ist in dieser Form in der Industrie kaum wiederzufinden. Wenn Handelswaren und Fertigerzeugnisse angeliefert werden, so wäre dieser Fall durchaus denkbar, jedoch würde das Industrieunternehmen als Händler fungieren. Bei Anlieferung von Roh-, Hilfs- und Betriebsstoffen und bei Halbfertigerzeugnissen wird meist eine unveränderte Weiterleitung an die entsprechenden Läger veranlaßt. Das IS der Industrie muß somit diese handelsspezifischen Eigenarten nicht unterstützen.

4.4.3.3 Lagerverwaltung

Die Lagerverwaltung der Industrie muß, im Unterschied zum Handel, außer der Bestandsführung des Lagers auch die Werkstattbestände verwalten.[348] Hierzu zählen vor allem die Läger für Materialien, die für die Produktion benötigt werden. Die Lagerstruktur der Industrie ist somit wesentlich heterogener, als die des Handels. Auswirkungen sind im innerbetrieblichen Transport zu erkennen, da die Bewegungen nicht nur in einem Fertigteilelager, wie es im Handel der Fall ist, sondern auch über physisch verschiedene Läger stattfinden.

Für das Informationssystem der Industrie bedeutet das sehr unterschiedliche Läger mit zum Teil sehr unterschiedlichen Materialien verwalten zu können.[349] Ein weiteres Beispiel für die Lagerung von sehr unterschiedlichen Materialien ist die Abfallwirtschaft. Zum einen müssen durch die Produktion bedingte Abfälle verwaltet werden und zum anderen sind Industrieunternehmen zum Teil dazu verpflichtet, Verpackungsmaterial oder ganze Produkte zurückzunehmen. Als Beispiel seien hier die dualen Verpackungskreisläufe der Möbelindustrie[350], und die zukünftige Pflicht zur Autoentsorgung seitens der Automobilindustrie genannt.

---

346 Als Beispiel sei hier die Lieferung von Rohstoffen genannt. Wenn Materialien wie Holz angeliefert werden, kann davon ausgegangen werden, daß diese nicht durch Strichcode o.ä. ausgezeichnet sind.

347 Vgl. SAP AG (1993), S. „6-4"f.

348 Vgl. Schweitzer (1994), S. 1015.

349 Vgl. SAP AG (1993), S. „6-1" bis „6-9".

350 Die dualen Verpackungskreisläufe der Möbelindustrie bedeuten, daß Möbelhändlern auf Kosten der Industrie Abfallcontainer zu Verfügung gestellt werden. Die Verpackungen werden zum Teil wiederverwendet oder zerkleinert und z.B. in Form von Spanplatten wieder zu neuen Materialien umgeformt.

4.4.3.4 Warenausgang

In der Industrie erfolgt eine ausgeprägte Warenausgangs-Qualitätssicherung, wohingegen im Handel höchstens eine Wareneingangs-Qualitätssicherung vorliegt, bzw. diese sogar noch durch Gewährleistungsverträge der Hersteller in deren Warenausgang verlegt wird.[351]

Ein weiterer Unterschied liegt in der Bereitstellung von Materialien. Im Handel verläßt ein Artikel beim Warenausgang das Unternehmen oder zumindest die entsprechende operative Einheit. In der Industrie hingegen kann ein Warenausgang im Materiallager auch die Weiterleitung an eine Fertigungsstation bedeuten,[352] so daß eine Umlagerung innerhalb eines Werkes o.ä. vom IS der Industrie ermöglicht werden sollte.

4.4.3.5 Inventur

In der Inventur sind sehr geringe Unterschiede zwischen IS der Industrie und WWS des Handels zu sehen. Sowohl im Handel als auch in der Industrie wird, durch eine physische Bestandsaufnahme, der tatsächliche Bestand ermittelt. Dabei sollten beide Systeme die Möglichkeit der Erstellung einer Inventurliste bieten, um die durchzuführende Bestandsaufnahme zu erleichtern. Eine Verwendung von MDE-Geräten würde eine zusätzliche Hilfe bieten,[353] die jedoch an das System gekoppelt sein müssen, um die aufgenommenen Bestände zu übertragen. Ein besonderer Vorteil bietet sich im Handel durch die Verwendung von Scannern. Da alle Artikel bereits ausgezeichnet sind bzw. sein sollten, kann durch das Einscannen des Strichcodes der Artikel die manuelle Erfassung der Bestände über eine Tastatur entfallen.

4.5 Anbindung externer Subsysteme

Die Anbindung externer Subsysteme bedeutet die Verbindung zu bestehenden Systemen. Im ersten Teil wurde bereits gezeigt, daß es für einige Bereiche ausgereifte Softwareprogramme gibt, die durch Schnittstellen an ein WWS ankoppelbar sein sollten. Solche Programme sind speziell für einen Bereich entwickelt, z.B. SPACEMAN für die Regaloptimierung, und sind Ergebnis jahrelanger Erfahrungen und Entwicklungen. Um „das Rad nicht neu erfinden zu müssen", sollte die Anbin-

351 Vgl. Scheer (1994), S. 458-460.
352 Vgl. Schweitzer (1994), S. 1017.
353 Vgl. Glunz (1991), S. 62.

dung solcher Programme nicht nur für WWS, sondern auch für Informationssysteme der Industrie genutzt werden.

4.5.1 Regaloptimierungsprogramme

Die Regaloptimierung stellt eine „klassische" Aufgabe des Handels, und hier vor allem im filialisierenden Einzelhandel, dar. Regaloptimierungsprogramme werden nicht nur im Handel, sondern auch bei Industrieunternehmen, die einen Verkaufsraum mit Verkaufsflächen besitzen, eingesetzt. Der Gebrauch solcher Programme in der Industrie stellt aber den Ausnahmefall dar, weil der große Teil der Verkaufsabwicklung über Auftragsabwicklung ohne Produktpräsentation stattfindet, so daß die IS der Industrie eine solche Anbindung nur selten berücksichtigen müssen.

4.5.2 Tourenplanungsprogramme

Wie in Kapitel drei bereits gezeigt wurde, stellt sich das Problem der Tourenplanung nicht nur bei eigener Distribution. Auch wenn fremde Unternehmen für den Transport eingesetzt werden, helfen Tourenplanungsprogramme die Gesamtmenge der Auslieferungen, unter Zuordnung zu Fahrzeugen, möglichst kostengünstig zusammenzustellen.[354] Die IS der Industrie unterscheiden sich in diesem Bereich im wesentlichen nicht von WWS des Handels, denn beide Systeme müssen Schnittstellen zu solchen Programmen bieten, damit entsprechende Daten für das Programm genutzt werden können. Ein Handelsunternehmen, das allerdings seine komplette Lagerhaltung und Distribution an sogenannte Logistikdienstleister auslagert,[355] benötigt in seinem Informationssystem keine Schnittstellen zu solch einem externen Subsystem.

4.5.3 Lagersteuerungssysteme

Im Bereich der Anbindung von Lagersteuerungssystemen liegt kein Unterschied zwischen den beiden betrachteten Bereichen. Sowohl das WWS des Handels, als auch das IS der Industrie müssen durch Schnittstellen eine Anbindung solcher Subsysteme ermöglichen und eine entsprechende Datenversorgung gewährleisten. Wenn die Lagerhaltung und Distribution eines Handelsunternehmen ausgelagert

354 Vgl. Rauh (1990), S. 333.

355 Vgl. Kröger (1991), S. 95-105, der die Auslagerung der Distributionspolitik am Beispiel Reemtsma darstellt; Zentes, Exner, Braune-Krickau (1989), S. 116-118.

wird, wie es bereits bei der Tourenplanung beschrieben wurde, entfällt natürlich auch hier die Notwendigkeit solcher Schnittstellen. Da Läger der Industrie, wie bereits mehrmals angesprochen, sehr heterogen sind, lassen sich solche Steuerungsprogramme nicht so optimal einsetzen, wie z.B. bei Hochregalläger, wie sie im Handel sehr oft vorzufinden sind.

4.5.4 Kassensysteme

Eine Anbindung von externen Kassensystemen erfolgt typischerweise im filialisierenden Einzelhandel. Ein IS der Industrie müßte ebenfalls eine solche Anbindung gewährleisten, wenn Kassenabwicklungen, z.B. bei Personalkauf oder Werksverkauf, praktiziert werden.

4.5.5 Sonstige Subsysteme

Als sonstige Subsysteme sind hier solche Systeme gemeint, die im Handel nicht verwendet werden, und somit bei den Anforderungen an ein WWS nicht aufgeführt wurden. Als klassisches Beispiel seien hier die elektronischen Leitstände bei der Produktion in der Industrie genannt. Sie ermöglichen die Betriebsmittelbelegungsplanung, Kapazitätsdisposition, Auftragsfreigabe und Fertigungsüberwachung.[356]

Ein weiteres Beispiel für Subsysteme, die im Handel keine Anwendung finden, sind CAD-Systeme. Solche CAD-Systeme dienen zu Unterstützung des Konstrukteurs beim Produktentwurf und insbesondere bei der Konstruktion.[357] Weiterhin gibt es beispielsweise CAE- und CAQ-Systeme. CAE-Systeme beinhalten unter anderem „die Simulation mit Hilfe von Modellen des in der Entwicklung befindlichen Erzeugnisses“[358]. CAQ-Systeme verfolgen den Ansatz, durch elektronische Datenverarbeitung die Produktionsqualität zu sichern.[359] Weitere Beispiele sind CAP-, CAM-Systeme. Für eine nähere Betrachtung sei auf entsprechende Literatur verwiesen.[360]

Die Beispiele verdeutlichen, daß an ein IS der Industrie wesentlich mehr externe Subsysteme angebunden werden als im Handel. Es müssen den externen Subsystemen die von ihnen benötigten Informationen zur Verfügung gestellt werden.

---

356 Vgl. Kurbel (1993), S. 235-238.
357 Vgl. Becker, Rosemann (1993), S. 62f.
358 Mertens (1988), S. 18.
359 Vgl. Mertens (1988), S. 201.
360 Vgl. Mertens (1988), S. 18f, S. 201 u. S. 209; Kurbel (1993), S. 307-316; Becker, Rosemann (1993), S. 12 u. S. 23f.

4.6 Sonstige Unterschiede

4.6.1 Stammdaten

Die Stammdaten sind, wie bei WWS des Handels, auch in IS der Industrie vorzufinden. Unterschiede sind vor allem bei Stammdaten zur Produktion in der Industrie und in den Material- bzw. Artikelstammdaten festzustellen. In den Lieferanten-, Konditionen- und Kundenstammdaten sind in beiden Systemen kaum Unterschiede zu erkennen.

Inwieweit sich Unterschiede bei Stammdaten zu Artikeln in den beiden Systemen ergeben, hängt z.T. vom Sortiment bzw. Produktionsprogramm der Unternehmen ab. Beispielsweise würde ein Handelsunternehmen im Food-Bereich das Mindesthaltbarkeitsdatum (MHD) in den Stammdaten zu Artikeln interessieren. Auf der anderen Seite könnten für ein Industrieunternehmen in den Materialstammdaten die genaue Zusammensetzung eines Materials von Interesse sein, um bei einer zukünftigen Zurückführung die Wiederverwendungsmöglichkeiten zu ermitteln.

In der Verkaufspreisgestaltung im Verkauf wurde bereits gezeigt, daß sich die Verkaufspreise eines Industrieunternehmen, vor allem bei Auftragsfertigern, aus mehreren unterschiedlichen Komponenten zusammensetzen, während im Handelsunternehmen eine recht „einfache“ Zuschlagskalkulation praktiziert wird. Diese Komplexität in Industrieunternehmen kann zum Teil, durch eine Hinterlegung in Stammdaten, reduziert werden. Es könnten in den Artikelstammdaten bereits einige Information zur Preisfindung abgelegt werden, z.B. die durchschnittliche Bearbeitungsdauer einer Maschine für ein Material o.ä. Ein weiterer Unterschied in den Artikel- bzw. Materialstammdaten liegt bei der Numerierung. Während im Handel die meisten Artikel bereits mit einer EAN versehen sind und in den Stammdaten vielleicht nur noch um eine eigene Nummer erweitert werden, gibt es in der Industrie oft unausgezeichnete Materialien, denen eine Nummer erst noch vergeben werden muß.

Die operativen Einheiten Filiale, Zentral-/Regionallager, Niederlassung und Zentrale, wie sie bei den Anforderungen an ein WWS im vorangegangenen Kapitel eingeführt wurden, gibt es in abgewandelter Form auch in der Industrie. In der Standardsoftware SAP R/3 wird bei den Organisationsstrukturen zwischen Werken und Lagerorten unterschieden.[361] Ein Lagerort ist dabei der Ort mit Materialbeständen, der sogenannte räumliche Lagerbereich. Das Werk hingegen ist eine Produktions-

361 Vgl. SAP AG (1993), S. „2-1“f.

stätte oder eine Zusammenfassung räumlich nahe zusammenliegender Lagerorte. In deren Stammdaten werden, wie bei den Stammdaten zu operativen Einheiten, die Grundinformationen gehalten. Die Zentral-/Regionalläger können in weiten Teilen mit den hier eingeführten Lagerorten verglichen werden, so daß sich auch die dazugehörigen Stammdaten kaum unterscheiden. Filialen als Orte der Warenpräsentation und des Verkaufs an Endverbraucher sind in der Form bei Industrieunternehmen nicht vorhanden. Hingegen stellen die eingeführten Werke eine Eigenart der Industrie dar. In deren Stammdaten können vor allem Informationen zu Produktionsanlagen in diesen Werken gehalten werden, die im Handel, wie bereits bekannt, nicht vorzufinden sind.

Als letztes wurde noch die Zeitsteuerung als Stammdaten zu WWS des Handels aufgeführt. Sie dient vor allem für die Festlegung von Lebenszyklen für Artikel oder für ganze Aktionen. In der Industrie sind solche Festlegungen im Vorfeld kaum anzutreffen. Nimmt man die Automobilindustrie als Beispiel, so wird der Lebenszyklus einer Baureihe sicherlich nicht im Vorfeld festgelegt, sondern er endet erst, wenn eine neue Baureihe zur Ablösung der alten bereit ist. Die Möglichkeit einer Zeitsteuerung könnte allerdings in der Textilindustrie möglich sein. Hierbei ist es oft im Vorfeld bekannt, daß gewisse Artikel nur für eine bestimmte Periode produziert werden, da danach keine Nachfrage mehr vorliegt.[362] Somit kann auch die Zeitsteuerung für die Industrie in Frage kommen und deren IS stellen somit keinen erheblichen Unterschied zu WWS des Handels dar.

4.6.2 Management-Informationssysteme

Die getroffenen Aussagen über MIS in WWS des Handels lassen sich im wesentlichen auf MIS in IS der Industrie übertragen. Beide Informationssysteme müssen dem Management und auch Sachbearbeitern aufbereite Informationen liefern, um strategische und operative Entscheidungen zu treffen.[363] Welche Analysen für welches Unternehmen besonders interessant sind, soll hier nicht weiter erläutert werden, da zum einen die Analysen sehr von der Unternehmenszielsetzung abhängen und zum anderen können in heutigen MIS durch benutzerfreundliche Werkzeuge beliebige Analysen erzeugt werden.

Im Bereich von MIS in IS des Handels und der Industrie ergeben sich, wie in einigen bereits vorher dargestellten Fällen, Unterschiede aus der Tatsache heraus, daß Industrieunternehmen im Gegensatz zu Handelsunternehmen Produkte fertigen.

---

362 Hierunter fallen sogenannte Saison- oder Modeartikel.

363 Vgl. SAP AG (1995), S. „8-1" bis „8-8"; SAP AG (1994), S. „9-1" bis „9-9"; SAP AG (1993), S. „11-1" bis „11-14".

Der Bereich Produktion in der Industrie bietet eine Menge Analyse- und Auswertungsmöglichkeiten für ein MIS. Beispielhaft sollen im folgenden, in Anlehnung an Mertens und Griese, typische Informationskategorien der Produktion, die ein MIS der Industrie abdeckt bzw. abdecken sollte, dargestellt werden:[364]

- **Kapazitätsinformationen**
  Mögliche Informationen sind Kapazitätsauslastungen von Fertigungsaggregaten und Servicebetrieben. Außerdem die durchschnittliche Wartezeit von Aufträgen oder die mittlere Länge von Warteschlangen sowie die Kapazitätsmindernutzung durch Störzeiten bei einer störanfälligen Fertigung.

- **Termininformationen**
  Die Zahl der verfrüht oder verspätet abgelieferten Aufträge und die Zahl der Terminmahnungen informieren über die Terminsituation. Weiterhin können Durchlaufzeiten, vor allem im Trend betrachtet, über die Terminsituation, Kapazitätsauslastung und die Kapitalbindung Aufschlüsse geben. Bei Terminproblemen lassen sich Rückschlüsse auf die Vorgaben des PPS-Systems ermitteln.

- **Qualitätsinformationen**
  Maßstäbe hierfür sind Materialabfälle, Verschnitt, Reklamationen und Gutschriften sowie Materialverbrauchsabweichungen. Ferner fließen die Ergebnisse der Qualitätskontrolle in die Qualitätsinformationen ein.

- **Informationen zur Anlagenpflege**
  Hierbei interessieren vor allem die Intervalle zwischen den Ausfällen, die durchschnittliche Ausfalldauer, die Stillstandsursachen und Stillstandskosten der Anlagen. Weiterhin sind die Auslastung der Instandhaltung von Interesse und zudem läßt die Relation zwischen geplanten und ungeplanten Reparaturen Schlüsse auf die Eignung der praktizierten Instandhaltungsstrategie zu.

- **Informationen zur Produktivität**
  Zur Beurteilung der personellen Produktivität eignet sich der Zeitgrad (Leistungsgrad) als Relation zwischen bezahlten Akkordzeiten und Anwesenheitszeiten. Weiterhin kann der Vergleich der geleisteten Arbeit von verschieden Mitarbeiter Informationen über Personalproduktivität liefern. Der gleiche Vergleich kann auch zwischen verschiedenen Anlagen erfolgen.

---

364 Vgl. Mertens, Griese (1993), S. 114f. und für eine detailliertere Betrachtung auch S. 116-127.

- **Informationen zum Leistungsaustausch**
  Solche Informationen sind bei Unternehmen mit einem umfangreichen Leistungsaustausch von Interesse, z.B. die Bilanz der gegenseitigen Innenleistungen in der Chemieindustrie.

4.6.3 Das Handels-H hat kein Industrie-Y

Nachdem nun die wesentlichen Unterschiede der Informationssysteme von Handels- zu Industrieunternehmen dargestellt wurden, soll der Funktionsbereich Produktion als Eigenart der Industrie kurz aufgezeigt werden. Bei der Darstellung von Unterschieden sind drei Gesichtspunkte augenscheinlich, erstens resultieren viele Unterschiede ausgehend von der Mengenproblematik des Handels. Zweitens ist auch die Mehrstufigkeit des Handels der Grund für zahlreiche Verschiedenheiten der betrachteten Informationssysteme. Und drittens wurde der Funktionsbereich Produktion in der Industrie oft als Grund für die unterschiedliche Ausgestaltung der Funktionsbereiche beider Systeme herangezogen. Dieser dritte Aspekt ist vor allen vor dem Hintergrund, daß die wirtschaftliche Tätigkeit von Handelsunternehmen hauptsächlich der Ein- und Verkauf und nicht die Produktion von Gütern ist, selbstverständlich.

Es wurde bereits mit der Abbildung 5 das Zusammenwirken von Funktionsbereichen eines WWS des Handels dargestellt. Dabei ist bewußt auf die Bereiche Finanzbuchhaltung, Kostenrechnung und Personalwirtschaft verzichtet worden, da sie nicht Bestandteil der vorgenommenen Betrachtung waren.[365] Zur Verdeutlichung, daß der Funktionsbereich Produktion nicht Bestandteil eines WWS des Handels ist, soll mit der Darstellung einer vollständigen Architektur von Handelsinformationssystemen auf der einen Seite, und der grafischen Darstellung des Funktionsbereichs Produktion auf der anderen Seite, erfolgen. Für die Architektur von Handelsinformationssystemen wird das Handels-H verwendet, daß am Institut für Wirtschaftsinformatik der Westfälischen Wilhelms-Universität Münster vom Lehrstuhl Becker entwickelt wurde.[366] Zur grafischen Darstellung des Funktionsbereichs Produktion wird das Y-Modell von Scheer herangezogen, daß die wesentlichen Bestandteile der Produktion bzw. Fertigung enthält.

365 Vgl. Abbildung 1.
366 Vgl. zu den Ausführungen zum Handels-H Schütte (1995).

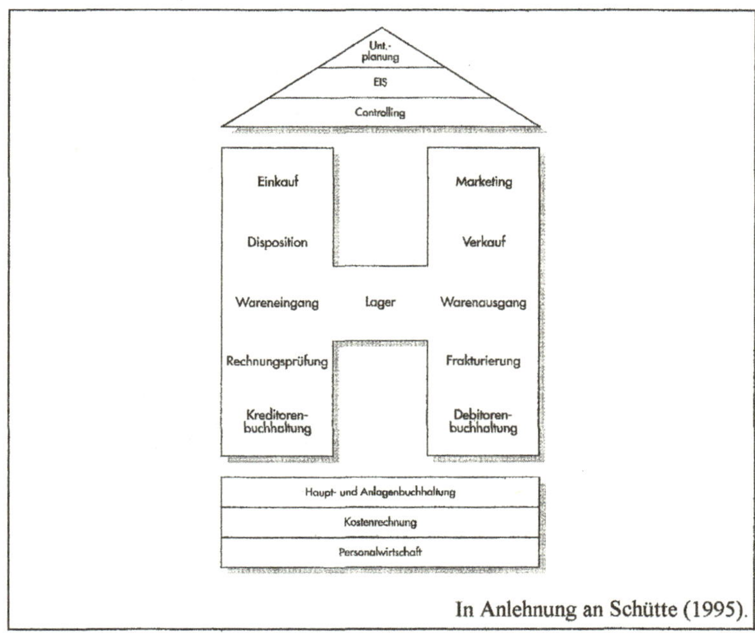

In Anlehnung an Schütte (1995).

Abbildung 18: Architektur der Handelsinformationssysteme (Handels-H)

Die Abbildung 18 zeigt noch einmal die wesentlichen Funktionsbereiche von WWS des Handels und deren Beziehungszusammenhänge. Zudem sind die übergeordneten Bereiche Controlling, Entscheidungsinformationssysteme (EIS) und Unternehmensplanung dargestellt, die in der vorliegenden Arbeit unter dem Begriff Management-Informationssysteme geführt und zusammengefaßt wurden. Desweiteren zeigt die Abbildung die Haupt- und Anlagenbuchhaltung (in der vorliegenden Arbeit als Finanzbuchhaltung bezeichnet), die Kostenrechnung und die Personalwirtschaft als weitere Funktionsbereiche, die nicht Bestandteil dieser Arbeit waren.

Betrachtet man das Y-Modell in der folgenden Abbildung, so werden die zusätzlichen Funktionen, durch den Bereich der Fertigung in einem Industriebetrieb, deutlich.

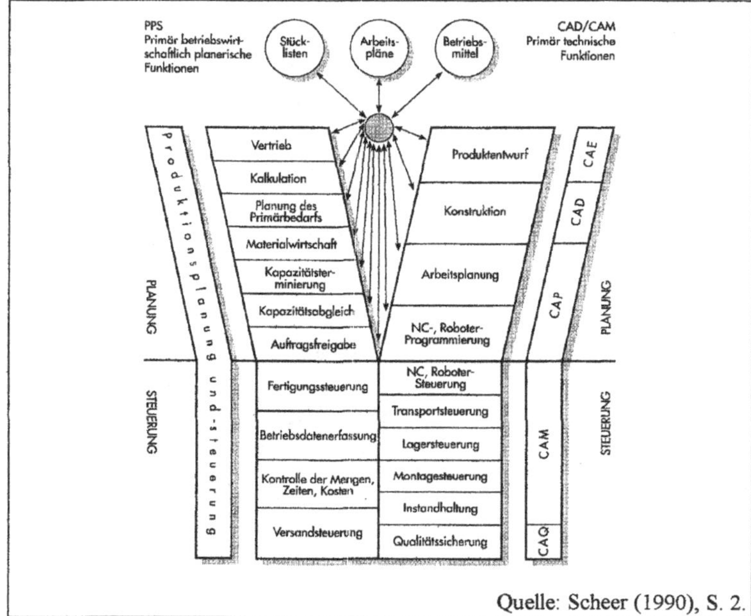

Quelle: Scheer (1990), S. 2.

Abbildung 19: CIM-Komponenten im Y-Modell

Außerdem zeigt die Darstellung, daß die Fertigung als integrierter Teilbereich eines IS der Industrie zu sehen ist. Durch einen Kundenauftrag wird die Produktion angestoßen.[367] Der Auftrag durchläuft die Fertigung, bis er am Ende des Fertigungsprozesses dem Versand zur Verfügung steht.

Es sei noch einmal darauf hingewiesen, daß alle Komponenten des Y-Modells Funktionen im Bereich der Fertigung darstellen. Beispielsweise sind Kalkulation, Planung des Primärbedarfs, Fertigungssteuerung, Produktentwurf, Konstruktion usw. Spezifika der Produktion in einem Industriebetrieb, und stellen somit die disjunkte Menge eines IS der Industrie zu IS bzw. WWS des Handels dar. Eine weitere Abbildung soll noch einmal verdeutlichen in welchem Zusammenhang die Funktionsbereiche Einkauf, Verkauf und Warenlogistik zum Funktionsbereich Produktion stehen.

367 Bei anonymer Fertigung erfolgt der Anstoß des Fertigungsprozesses natürlich durch einen anonymen Kundenauftrag, d.h. es liegt eine Bedarfsmeldung vor, die einen Produktionsauftrag erzeugt.

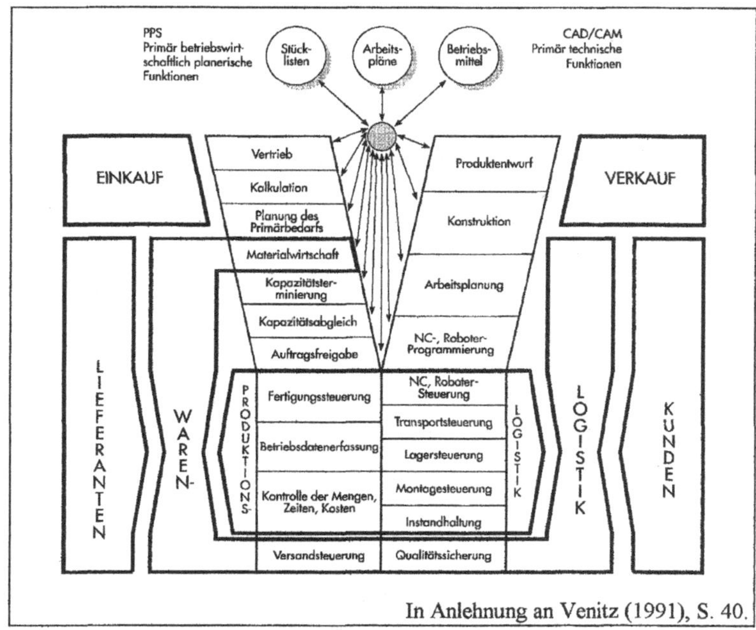

In Anlehnung an Venitz (1991), S. 40.

Abbildung 20: Die Produktion als Teil eines gesamten Informationssystems

Die Versandsteuerung und Qualitätssicherung der Produktion sind auch Teilbereiche der Warenlogistik, zu der noch die bereits bekannten Teilbereiche hinzukommen. Die Funktionsbereiche Einkauf und Verkauf greifen zwar auf Daten der Produktion zurück, jedoch sind deren Teilbereiche nicht Bestandteil der Produktion.

Es sind ausgehend vom WWS des Handels die wesentlichen Unterschiede zu Informationssysteme der Industrie beleuchtet worden. Es ist dabei bewußt auf die komplette Beschreibung der gesamten Komplexität der IS der Industrie verzichtet worden, weil vielmehr das WWS des Handels im Vordergrund der Untersuchung stand, und in der nachfolgenden Abschlußbetrachtung auf die Weiterentwicklung des Verhältnisses dieser beiden Systeme eingegangen wird.

5 Abschlußbetrachtung

Die Diplomarbeit machte mehrmals deutlich, wie wichtig Warenwirtschaftssysteme für die Informationsversorgung von Handelsunternehmen sind und welche Funktionalitäten solche Systeme bieten sollten. Es wurde bereits des öfteren darauf hingewiesen, daß elektronische Informations- und Kommunikationstechnologien (z.B. POS-Systeme wie Datenkassen/Scanning, MDE-Geräte) den Einsatz von WWS unterstützen und somit zu berücksichtigen und zu integrieren sind.[368]

Desweiteren stellt der Einsatz sogenannter Standardsoftware bzw. Branchensoftware[369], der in der Industrie u.a. durch SAP R/2 und R/3 bereits seit langen vollzogen wird, eine Entwicklung dar, von der auch der Handel nicht unberührt geblieben ist. Erstes Anzeichen ist beispielsweise die Entwicklung des WWS R/3 Retail der SAP AG, welches in der Betrachtung mehrfach als Beispiel herangezogen wurde. Man muß jedoch berücksichtigen, daß eine unternehmensweite Datenmodellierung, die Ordnung in die Informationsgrundlage bringen, eine Voraussetzung für den Einsatz solcher Standardprodukte ist, wodurch auch hier ein erhebliches Umdenken im Handel notwendig wird.[370] Weiterhin sind Aspekte der Ablauf- und Aufbauoptimierung, etwa die Objektorientierung in der Ablauf- und Aufbauorganisation von Becker[371], sowie die Prozeßorientierung als zentrale Herausforderung für die Gestaltung von Organisationsstrukturen und Informationssystemen auf die Verwendbarkeit im Handelsunternehmen zu prüfen.[372]

Eine weitere Entwicklungstendenz stellen die Normierungsbemühungen der CCG dar. Hierzu wurden im Laufe der Ausarbeitung bereits die Europäische Artikel-Nummer (EAN), die bundeseinheitliche Betriebsnummer (BBN), die Standardregelungen einheitlicher Datenaustauschsysteme (SEDAS) u.a. mit dem Stammdatenpool SINFOS, sowie die Marktdatenkommunikation (MADAKOM) vorgestellt und näher betrachtet. EDIFACT (Electronic Data Interchange for Administration, Commerce and Transport) der International Organisation for Standardisation (ISO) stellt eine zusätzliche internationale einheitliche Kommunikationsnorm für den elektronischen Datenaustausch dar.[373] Dieses unternehmensübergreifende ein-

---

368 Vgl. Zentes (1988), S. 177.

369 Die Branchensoftware ist wie die Standardsoftware ein auf universelle Verwendbarkeit ausgerichtetes Programm, in dem alle im Normalfall auftauchende Probleme einer bestimmten Branche eingebaut sind. Vgl. hierzu Pfeil (1986), S. 84.

370 Vgl. Becker (1994), S. 179.

371 Vgl. Becker (1991), S. 135-152.

372 Vgl. zu Prozeßorientierung in Handelsunternehmen Schütte (1995).

373 Vgl. Olbrich (1994), S. 138.

heitliche Datenaustauschformat ist auf dem besten Wege die bereits bestehenden branchenspezifischen Standards abzulösen.[374] Die Konsequenz für heutige und auch für zukünftige WWS ist den Datenaustausch zwischen Handels- und Industrieunternehmen und innerhalb des Handels auch über EDIFACT zu gewährleisten.

Nachdem im vorangegangenen Kapitel die wesentlichen Unterschiede der beiden betrachteten Systeme erläutert wurden, soll im folgenden u.a. auf die Weiterentwicklung dieser Unterschiede eingegangen werden. Es zeigte sich, daß die überwiegenden Unterschiede aus der Mengenproblematik und der Mehrstufigkeit des Handels resultierten. Es wurde aber auch deutlich, daß sich einige Unterschiede aus der Unternehmensausrichtung, nämlich der Produktion in Industrieunternehmen und dem Handel in Handelsunternehmen, ergaben. Handelsunternehmen betreiben per Definition überwiegend Handel und keine Produktion. Bei Industrieunternehmen hingegen ist der funktionale Handel seit jeher vorzufinden, jedoch ist in letzter Zeit auch eine Tendenz zum institutionalen Handel bzw. zum Betreiben von Fabrikverkaufszentren zu erkennen. Solche Zentren sind der Zusammenschluß von Markenproduzenten der verschiedensten Sparten, um einmal dem Verbraucher eine möglichst große Vielfalt an Produkten anzubieten, aber außerdem können dort auch Produktionsüberhänge verkauft und neue Produkte vor der Markteinführung getestet werden.[375] Die folgenden Ausführungen sollen diese Entwicklung belegen und darauf hinweisen, daß auch Industrieunternehmen in ihren Informationssystemen immer mehr die Funktionalitäten von Warenwirtschaftssystemen benötigen.

In den USA wird der Zugang der Hersteller zum Endverbraucher bereits seit den achtziger Jahren in Form von Fabrikverkaufszentren betrieben. Erst in jüngster Zeit ist auch ein Interesse der deutschen Industrie, insbesondere der Bekleidungs- und Einrichtungshersteller, unverkennbar. Für die nähere Zukunft sind rund 30 Standorte mit einem geschätzten Umsatz von 1,2 Mrd. DM geplant. Erste Beispiele sind die Aalener Factory Outlet GmbH & Co. KG sowie die „Factory Outlet M", wo sich 19 mittelständische Textilbetrieb unter einem Dach zusammengefunden haben. Auch die LSG Lufthansa Service GmbH will, ausgehend von ihren Erfahrungen bei Mitarbeiter-Shops, ein Fabrikverkaufszentrum eröffnen.[376]

---

374 Vgl. Becker (1994), S. 179.
375 Vgl. Hersteller werden Händler (1995), S. 32.
376 Vgl. Abschnitt mit Hersteller werden Händler (1995), S. 30.

Wenn ein Industrieunternehmen am Markt wie ein filialisierendes Handelsunternehmen agiert, so muß auch sein Informationssystem eine entsprechende Unterstützung leisten, d.h. Funktionalitäten eines WWS, wie etwa die Anbindung von POS-Systemen, Regaloptimierungsprogramme, die Erstellung von Regaletiketten usw., bieten. Ein Informationssystem der Industrie würde somit nur noch im Bereich der Produktion Unterschiede zu WWS des Handels aufweisen. Die angesprochene Mengenproblematik, mit den vereinfachten Möglichkeiten der Massendatenpflege, im Handel bleibt jedoch bestehen, da Industrieunternehmen vornehmlich produzieren und deren Fabrikverkaufszentren nicht das Ausmaß eines mehrstufigen filialisierenden Handelsunternehmen erreichen werden.

Außerdem sei noch bemerkt, wenn Handelsunternehmen mit WWS und den neuen Technologien ausgerüstet sind, daß dadurch erhebliche Informationsvorteile gegenüber der Industrie erlangt werden können, und diese nicht nur bei Konditionsverhandlungen, sondern auch bei der Abstimmung des konsumentengerichteten Marketing entsprechend einsetzbar sind.[377] Ein Entgegenwirken für die Industrie stellen die oben dargestellten Fabrikverkaufszentren dar, bei denen, durch den Einsatz von Scannerkassen und entsprechenden Informationssystemen, ebenfalls genaue Abverkaufsdaten erhoben werden, die bei Konditionsgesprächen mit dem Handel genauso genutzt werden können.[378]

Insgesamt müssen Handelsunternehmen ihre Informationssysteme auf die Anforderungen der Zukunft hin prüfen und ggf. überarbeiten, soweit es überhaupt möglich ist, oder komplett neu entwickeln. Da eine Neuentwicklung der Systeme mit erheblichen Kosten verbunden ist und sich oft über Jahre hinzieht, sollten Standardprogramme bzw. Branchensoftware, wie das mehrmals angeführte WWS R/3 Retail, in Betracht gezogen werden. Inwieweit sich die Investitionskosten amortisieren, konnte auch eine neuere Befragung WWS-anwendender Handelsunternehmen nicht belegen.[379] Es sei an dieser Stelle jedoch noch einmal gesagt, daß WWS so erhebliche Rationalisierungspotentiale und Wettbewerbsvorteile bieten, deren Verzicht sich gerade im konkurrenzstarken Handel kein Unternehmen leisten sollte und in den meisten Fällen auch nicht leisten kann.

377 Vgl. Olbrich (1993), S. 205.

378 Vgl. Hersteller werden Händler (1995), S. 32.

379 Vgl. Olbrich (Erfolgspositionen) (1994), S. 434.

Literaturverzeichnis

Ahlert, D.: Distributionspolitik. 2. Aufl., Stuttgart-Jena 1991.

Ahlert, D.: Warenwirtschaftsmanagement und Controlling in der Konsumgüterdistribution. In: Integrierte Warenwirtschaftssysteme und Handelscontrolling. Hrsg.: D. Ahlert; R. Olbrich. Stuttgart 1994.

Ahlert, D.; Olbrich, R.: Integrierte Warenwirtschaftssysteme und Handelscontrolling. Konzeptionelle Grundlagen und Umsetzung in der Handelspraxis. Stuttgart 1994.

Am POO so schnell und gut wie am POS. Fallbeispiel: Warenwirtschaftssysteme in einem Baumarkt. Dynamik im Handel, 10 (1990), S. 74-76.

Barth, K.: Betriebswirtschaftslehre des Handels. 2. Aufl., Wiesbaden 1993.

Becker, J.: Objektorientierung - eine einheitliche Sichtweise für die Ablauf- und Aufbauorganisation sowie die Gestaltung von Informationssysteme. In: Integrierte Informationssysteme. Hrsg.: H. Jacob; J. Becker; H. Krcmar. Wiesbaden 1991 (SzU, Band 44), S. 135-152.

Becker, J.: Unternehmensweite Datenmodelle im Handel und die informationstechnische Unterstützung der Distributionskette im Konsumgüterbereich. In: Integrierte Warenwirtschaftssysteme und Handelscontrolling. Hrsg.: D. Ahlert; R. Olbrich. Stuttgart 1994, S. 157-179.

Becker, J.; Rosemann, M.: Logistik und CIM. Berlin u. a. 1993.

Bernartz, W.: PC-gestützte operative Warenwirtschaft. Funktionen anwendungsorientierter Warenwirtschaftssysteme mit integrierter Datenkasse und Kommunikationsunterstützung für den Einzelhandels-Kleinbetrieb. O.O. u. J. (Diss., Universität-GH-Paderborn, 1990), S. 96-210.

Centrale für Coorganisation: EAN - Die Internationale Artikelnumerierung in der Bundesrepublik Deutschland. Köln 1986 (Stand: 1.1.1987).

Conradi, E.: Nur an der Warenwirtschaft resultieren Gewinne. LZ, 21 (1989), S. 74-81.

DACOS Software GmbH: DISPOS - Warenwirtschaft für den filialisierenden Handel. St. Ingbert 1984.

Datenerfassung ohne Umweg. Möglichkeiten mobiler Terminals in Handelsbetrieben. Köln 1979.

Dezentrale Warenwirtschaft. Einsatzbeispiele aus dem Lebensmitteleinzelhandel. Dynamik im Handel, 7 (1994), S. 21-22.

Ebert, K.: Warenwirtschaftssysteme und Warenwirtschafts-Controlling. Hrsg.: Dieter Ahlert. Band 1: Schriften zu Distribution und Handel, Frankfurt a. M. 1986 (Zugl. Diss., Westfälische Wilhelms-Universität Münster, 1986).

Falk, B.; Wolf, J.: Handelsbetriebslehre. 10. Aufl., Landsberg am Lech 1991.

Fischer, T.: Computergestützte Warenkorbanalyse. Hrsg.: Dieter Ahlert. Band 11: Schriften zu Distribution und Handel, Frankfurt a. M. 1992 (Zugl. Diss., Westfälische Wilhelms-Universität Münster, 1992).

Gabler: Gabler Wirtschaftslexikon. 13. Aufl., Wiesbaden 1993.

Glunz, R.: Warenwirtschaftssysteme-Software für Filialsysteme. Dynamik im Handel, 6 (1991), S. 60-64.

Grisar, A.: Der Einsatz moderner Kommunikationstechnologien bei der Rationalisierung im Textileinzelhandel. O.O. u. J. (Dissertation, Westfälische Wilhelms-Universität Münster 1994).

Grochla, E.: Grundlagen der Materialwirtschaft. Wiesbaden 1986.

Gröner, U.: Integrierte Informationsverarbeitung. In: Integrierte Informationssysteme. Hrsg.: H. Jacob; J. Becker; H. Krcmar. Wiesbaden 1991 (SzU, Band 44), S. 19-33.

Heidel, B.: Scannerdaten im Einzelhandelsmarketing. Hrsg.: Dieter Ahlert. Band 68: Beiträge zur betriebswirtschaftlichen Forschung, Wiesbaden 1990 (Zugl. Diss., Uni Trier 1989).

Hersteller werden Händler. LZ, 2 (1995), S. 30-32.

Heinen, E.: Industriebetriebslehre. 9. Aufl., Wiesbaden 1991.

Hertel, J. (WWS): Warenwirtschaftssysteme für den Lebensmittelhandel. Dynamik im Handel, 5 (1992), S. 9-16.

Hertel, J.: Design mehrstufiger Warenwirtschaftssysteme. Hrsg.: W. A. Müller. Band 68: Wirtschaftswissenschaftliche Beiträge, Heidelberg 1992 (Zugl. Diss. unter dem Titel: Das Konzept der operativen Einheiten in mehrstufigen Warenwirtschaftssystemen, Uni Saarbrücken 1992).

Hohe Sortimentstransparenz. Warenwirtschaftssysteme der Edeka-Markt Minden-Hannover GmbH. Dynamik im Handel, 5 (1992), S. 28-31.

IBM: System/360 Tourenplanungsprogramm. IBM-Form 80731. O. O. u. J.

Jacob, H.: Planung des Produktions- und Absatzprogramms. In: Industriebetriebslehre. Hrsg.: H. Jacob. Wiesbaden 1990, S. 401-590.

Jacob, H.; Becker, J.; Krcmar, H.: Integrierte Informationssysteme, Wiesbaden 1991 (SzU, Band 44).

Kirchner, J. D.; Zentes, J.: Führen mit Warenwirtschaftssystemen. Neue Wege zum Informationsmanagement im Handel und Industrie. Band 7: Absatzwirtschaft - Schriften zum Marketing, Düsseldorf 1984.

Köckeritz, W.: EDV-gestützte Warenwirtschaft in Großbetrieben des Einzelhandels. Bern, Stuttgart 1991 (Zugl. Diss., Uni Siegen 1991).

Kröger, K.-H.: Auslagerung der Distributionslogistik: Das Beispiel Reemtsma. In: Moderne Distributionskonzepte in der Konsumgüterwirtschaft. Hrsg.: J. Zentes. Stuttgart 1991, S. 95-105.

Kucher, E.: Scannerdaten und Preissensivität bei Konsumgütern. Hrsg.: H. Albach u.a. Band 58: Beiträge zur betriebswirtschaftlichen Forschung, Wiesbaden 1985.

Kurbel, K.; Mertens, P.; Scheer, A.-W.: Interaktive betriebswirtschaftliche Informations- und Steuerungssysteme. Berlin und New York 1989.

Kurbel, K.: Produktionsplanung und -steuerungssysteme. Hrsg.: A. Endres; H. Krallmann; H. Schnupp. Band 13.2: Handbuch der Informatik, München, Wien 1993.

Leismann, U.: Warenwirtschaftssysteme mit BTX. Berlin 1990.

Lendzion, H. P.: Das Logistik-Konzept der Karstadt AG für die 90er Jahre. In: Moderne Distributionskonzepte in der Konsumgüterwirtschaft. Hrsg.: J. Zentes. Stuttgart 1991, S. 35-50.

Marktspiegel. Warenwirtschaftssysteme für den Großhandel. Hrsg.: H.-J. Bullinger, Fraunhofer-Institut für Arbeitswirtschaft und Organisation. Stuttgart 1990.

Mertens, P.: Industrielle Datenverarbeitung 1. Administrations- und Dispositionssysteme in der Industrie. 7. Aufl., Wiesbaden 1988.

Mertens, P.; Griese, J.: Integrierte Informationsverarbeitung 2. Planungs- und Kontrollsysteme in der Industrie. Hrsg.: P. Mertens; J. Griese. 7. Aufl., Wiesbaden 1993.

Milde, H.: Handelscontrolling auf der Basis von Scannerdaten. In: Integrierte Warenwirtschaftssysteme und Handelscontrolling. Hrsg.: D. Ahlert; R. Olbrich. Stuttgart 1994.

Olbrich, R. (Erfolgspositionen): Erfolgspositionen im Lebensmittelhandel. ZfB, 64 (1994) H. 4, S. 425-442.

Olbrich, R.: Handelssysteme auf dem Weg zu Informationsvorteilen gegenüber der Industrie. Markenartikel, 5 (1993), S. 202-205.

Olbrich, R.: Informationsmanagement in mehrstufigen Handelssystemen. Hrsg.: D. Ahlert. Band 8: Schriften zu Distribution und Handel, Frankfurt a. M. 1992 (Zugl. Diss., Westfälische Wilhelms-Universität Münster, 1992).

Olbrich, R.: Stand und Entwicklungsperspektiven integrierter Warenwirtschaftssysteme. In: Integrierte Warenwirtschaftssysteme und Handelscontrolling. Hrsg.: D. Ahlert; R. Olbrich. Stuttgart 1994, S. 117-156.

Ploenzke AG: WWS-Report. Warenwirtschaftssysteme im Überblick. Wiesbaden 1993.

Rauh, O.: Informationsmanagement im Industriebetrieb. Herne 1990.

SAP AG: Das Vertriebssystem der SAP. Funktionen im Detail - System R/3. Walldorf 1994.

SAP AG: Das Warenwirtschaftssystem der SAP R/3 Retail. Funktionen im Detail - System R/3. Walldorf 1995.

SAP AG: Materialwirtschaft. Funktionen im Detail - System R/3. Walldorf 1993.

Scheer, A.-W.: CIM - Computer Integrated Manufacturing. Der computergesteuerte Industriebetrieb. 4. Aufl., Berlin u. a. 1990.

Scheer, A.-W.: Wirtschaftsinformatik. Referenzmodelle für industrielle Geschäftsprozesse. 5. Aufl., Berlin u. a. 1994.

Schiffel, J.: Warenwirtschaftssysteme im Handel. Möglichkeiten und Grenzen. Hrsg.: P. W. Meyer. Band 21: Schwerpunkt Marketing, Augsburg 1984.

Schlecht beraten. Manager Magazin, 8 (1995), S. 86-93.

Schütte, R.: Prozeßorientierung in Handelsunternehmen. In: Geschäftsprozeßmodellierung und Workflow-Management-Systeme. Hrsg.: G. Vossen; J. Becker, Bonn u.a. 1995, S. 1-15.

Schulte, E.; Simmet, H.: Warenwirtschaftssysteme, Just-in-time-Konzepte und Data-Base-Marketing. Dynamik im Handel, 7 (1990), S. 21-24.

Schulte, K.; Steckenborn, I.; Blasberg, L.: Systeme der Warenwirtschaft im Handel. Eine Einführung für Mittelbetriebe. Köln 1981.

Schweitzer, M.: Industriebetriebslehre. 2. Aufl., München 1994.

Seyffert, R.: Wirtschaftslehre des Handels. Hrsg.: E. Sundhoff. 5. Aufl., Obladen 1972.

Sova, O.; Piper, J.: Computergestützte Warenwirtschaft im Handel. Köln 1985.

Tietz, B.: Der Handelsbetrieb. 2. Aufl., München 1993.

Tietz, B.: Geleitwort. In: Design mehrstufiger Warenwirtschaftssysteme. Hrsg.: J. Hertel. Heidelberg 1992, S. V-VI.

Tietz, B.: Grundlagen des Marketing. 3. Band, München 1976.

Tietz, B.: Wege in die Informationsgesellschaft. Stuttgart 1987.

Venitz, U.: CIM und Logistik. In: Integrierte Informationssysteme. Hrsg.: H. Jacob; J. Becker; H. Krcmar. Wiesbaden 1991 (SzU, Band 44), S. 35-47.

Vossen, G.: Datenmodelle, Datenbanksprachen und Datenbank-Management-Systeme. 2. Aufl., Bonn u.a. 1994.

Walter Lezius, H.-J.: Konsequenzen des Einsatzes von Warenwirtschaftssystemen im Handel für die Beschäftigten und deren Qualifizierung. Berlin 1989.

Warenwirtschaftssysteme zunehmend dezentral. Stand und Entwicklungstendenzen der Warenwirtschaft - Ergebnisse einer Befragung im Einzelhandel. Dynamik im Handel, 2 (1989), S. 14-18.

Warenwirtschaftssysteme. Wie analysiert der Handel. Absatzwirtschaft, 11 (1993), S. 106-109.

Wilke, K.: Warenwirtschaftssysteme im Textilhandel. Konzeptionelle Ansätze zur Gestaltung warenwirtschaftlicher Informationssysteme unter besonderer Berücksichtigung der Einkaufsplanung. Hrsg.: M.-C. Barmeyer; F.-W. Caspers. Band 52: Betriebswirtschaftliche Schriftenreihe, Münster 1989.

Wöhe, G.: Einführung in die Allgemeine Betriebswirtschaftslehre. 17. Aufl., München 1990.

Zentes, J.: Perspektiven der Entwicklung von Warenwirtschaftssystemen. In: Moderne Warenwirtschaftssysteme im Handel. Vorsprung durch Information. Hrsg.: J. Zentes; W. Schwarz-Zanetti. Rüschlikon 1989.

Zentes, J.: Moderne Distributionskonzepte in der Konsumgüterwirtschaft. Stuttgart 1991.

Zentes, J.: Moderne Warenwirtschaftssysteme im Handel. Internationale Fachtagung 25. - 27. Oktober 1984. Berlin 1985.

Zentes, J.: Warenwirtschaftssysteme - Auf dem Weg zum Scientific Management im Handel. Marketing, 3 (1988), S. 177-181.

Zentes, J.; Exner, R; Braune-Krickau, M.: Studie Warenwirtschaftssysteme im Handel. Essen-Rüschlikon 1989.

Versicherung über die selbständige Anfertigung der Arbeit

Ich versichere hiermit, daß ich meine Diplomhausarbeit

„Anforderungen an ein Warenwirtschaftssystem und beispielhafte Darstellung von Unterschieden zu Informationssystemen der Industrie unter Einbeziehung der Standardsoftware R/3"

selbständig und ohne fremde Hilfe angefertigt habe, und daß ich alle von anderen Autoren wörtlich übernommenen Stellen wie auch alle sich an die Gedankengänge anderer Autoren eng anlegenden Ausführungen meiner Arbeit besonders gekennzeichnet und die Quellen zitiert habe.

Münster, den 20.09.1995

____

(Unterschrift)

Wissensquellen gewinnbringend nutzen

Qualität, Praxisrelevanz und Aktualität zeichnen unsere Studien aus. Wir bieten Ihnen im Auftrag unserer Autorinnen und Autoren Wirtschaftsstudien und wissenschaftliche Abschlussarbeiten – Dissertationen, Diplomarbeiten, Magisterarbeiten, Staatsexamensarbeiten und Studienarbeiten zum Kauf. Sie wurden an deutschen Universitäten, Fachhochschulen, Akademien oder vergleichbaren Institutionen der Europäischen Union geschrieben. Der Notendurchschnitt liegt bei 1,5.

Wettbewerbsvorteile verschaffen – Vergleichen Sie den Preis unserer Studien mit den Honoraren externer Berater. Um dieses Wissen selbst zusammenzutragen, müssten Sie viel Zeit und Geld aufbringen.

http://www.diplom.de bietet Ihnen unser vollständiges Lieferprogramm mit mehreren tausend Studien im Internet. Neben dem Online-Katalog und der Online-Suchmaschine für Ihre Recherche steht Ihnen auch eine Online-Bestellfunktion zur Verfügung. Inhaltliche Zusammenfassungen und Inhaltsverzeichnisse zu jeder Studie sind im Internet einsehbar.

Individueller Service – Gerne senden wir Ihnen auch unseren Papierkatalog zu. Bitte fordern Sie Ihr individuelles Exemplar bei uns an. Für Fragen, Anregungen und individuelle Anfragen stehen wir Ihnen gerne zur Verfügung. Wir freuen uns auf eine gute Zusammenarbeit.

Ihr Team der Diplomarbeiten Agentur

Diplomica GmbH
Hermannstal 119k
22119 Hamburg

Fon: 040 / 655 99 20
Fax: 040 / 655 99 222

agentur@diplom.de
www.diplom.de

www.ingramcontent.com/pod-product-compliance
Lightning Source LLC
La Vergne TN
LVHW092337060326
832902LV00008B/682

* 9 7 8 3 8 3 8 6 4 0 1 2 9 *